Helmut Breuer

Schlaganfall
Ich nehme eine Gabel und ... wickle meine Spaghetti auf

Schlaganfall

Ich nehme eine Gabel

und..

…wickle meine

Spaghetti auf

Biographie

von

Helmut Breuer

Bibliografische Information der Deutschen Nationalbibliothek:
Die Deutsche Nationalbibliothek verzeichnet diese Publikation in der Deutschen Nationalbibliografie; detaillierte bibliografische Daten sind im Internet über http://portal.dnb.de abrufbar.

ISBN 978-3-96103-604-2

www.rediroma-verlag.de
9,95 Euro (D)

Inhaltsverzeichnis

Ich nehme eine Gabel und...

...wickle meine Spaghetti auf!

Sie sind interessiert an diesem Buch? Ihr erster Blick fällt auf das Bild, auf die Spaghetti, ein Kochbuch? Als zweites lesen Sie den Titel. Was sagt er mir, was ist das Besondere? Ein Beitrag zum Guinness Buch der Rekorde, oder der Beginn eines Kinderbuches? Ein Buch über Kindererziehung? Vielleicht ein Vater, der die Fortschritte seines Sohnes im interessanten Kindesalter aufzeichnet?

Nein, keines von den beschriebenen Möglichkeiten.

Ich möchte mit diesem Buch von einem unglaublich tollen Gefühl berichten, einfach so die Gabel in meinem Teller zu drehen, die Spaghetti aufzuwickeln, zum Mund zu führen und zu essen.

Es war nur ein unbedeutendes Spaghetti-Essen, am Mittag eines unbedeutenden Tages, für mich war es aber ein Tag, an dem mir zum Feiern zu Mute war, denn ich drehte meine Gabel ohne nachzudenken und wickelte meine Spaghetti auf.

Eine leichte Übung? Heute sehe ich das ganz anders, denn **es ist ein Geschenk**, von wem auch immer ich es bekommen habe, ich sage DANKE!

Wir haben es hier mit der Hand zu tun, mit dem Werkzeug aller Werkzeuge. Wie viele Informationen sind notwendig, um diese „kleine“ Aufgabe zu meistern? Welche Gehirnleistung ist notwendig, um die Informationen bereit zu stellen? Wie viel Zeit ist notwendig, um diese einfache Tätigkeit zu erlernen?

Fragen über Fragen, Staunen, sich wundern- und vielleicht wäre auch ein bisschen Demut angebracht für dieses Erlebnis, denn…

…ich möchte mit diesem für mich freudigen Erlebnis beginnen und hier aufschreiben, wie es mir ergangen ist und was ich noch nach dreieinhalb Jahren für Fortschritte gemacht habe…

…nach einem, nach meinem Schlaganfall.

Mit diesem Buch möchte ich Gleichgesinnten, oder besser gleich Betroffenen oder gleich Leidenden Mut machen, nicht aufzugeben und immer weiter zu machen, zu üben und nicht den Mut zu verlieren. Um sagen zu können…

…wieder ein Ziel erreicht! Es gibt was zu feiern.

Ja, das war eines der einprägsamsten Erlebnisse, der vielen positiven Ereignisse die ich erlebt und durchlebt habe, nach dreieinhalb Jahren Mühe und Plage, Training, Therapie und viel eigenverantwortlichen Übungen. Es waren auch viele Wechselbäder der Gefühle und genügend seelische Tiefen, die zu bewältigen waren.

Nun drehe ich die Zeit zurück und beginne meine Geschichte und Erlebnisse hier zu erzählen.

Zuerst möchte ich positives berichten, von **den Zielen und der Motivation,** denn das Buch soll ja motivieren, wenn Sie wie ich einen nicht so prickelnden Schlag ins Kontor bekommen haben.

Ziele setzen

Wenn mich einer fragt, wie es mir geht, so sage ich: **„Es geht langsam aufwärts. Langsam wie im Tempo einer Schnecke“** und vollende den Satz, **„ich hoffe aber, dass mich das flotte Tier nicht überholt ☺“** und lache herzhaft dabei. Der Fragende lacht mit und in dem Moment habe ich mich motiviert, denn das Lachen ist sehr gesund, das weiß jedermann. Für die betroffenen Patienten besonders, denn es trainiert viele Gesichtsmuskeln und ist noch dazu eine gute logopädische Maßnahme. Auch für die Seele ist das Lachen optimal, und es ist für Schlaganfall-Patienten sehr, sehr hilfreich, denn es fördert die dringend benötigte Motivation.

Ja, eine Schnecke kommt auch ans Ziel, streckt ihre Fühler aus und prüft in alle Richtungen. Immer vorwärts und wenn es mal eng wird, zieht sie sich ins Haus zurück, auch das ist hilfreich und wichtig.

Es ist sehr wichtig, sich **Ziele zu setzen** und **erreichte Ziele zu feiern; diese Ziele dann festzuhalten, um den Fortschritt zu sehen und sich weiterhin zu motivieren.**

Nach der Reha fing ich an, mir mein **erstes Ziel** zu setzen. Es war für mich gut und wichtig, ein messbares Ziel und ein sichtbares Ziel zu definieren.

Mein erstes Ziel

Ziel (1) - Wie hoch kann ich meine Hand heben?

Mit dieser Frage habe ich mein erstes Ziel schon definiert. Bis zur Hüfte kam ich nach der Reha mit meiner Hand, und war voller Ehrgeiz, es weiter zu schaffen. Dazu habe ich mir gleich zu Beginn eine Markierung gemacht. Einen kleinen Zettel mit Datum, an meinem Holzbalken im Wohnzimmer war der richtige Platz, um den Fortschritt zu sehen und ihn sichtbar zu machen. Ich kam durch meine täglichen Übungen und Anstrengungen zunehmend höher. Die kleinen Fortschritte wurden aber auch durch entmutigende Rückschritte manchmal unterbrochen, es war nicht leicht, diese „ups and downs“ zu verkraften, aber...

...langsam, ganz langsam kam mein Arm höher und höher und ich freute mich jedes Mal drauf, eine neue Markierung anzubringen. Ein Motivationsschub!

Ein schier unerreichbares Ziel setzte ich mir ganz oben auf den Balken, eine Markierung in zwei Meter vierzig Höhe mit dem Wort…

… **Ziel !!!**

...und hier ist der der Beweis!

Ziel (1) erreicht!

Ich habe dieses Ziel nach zweieinhalb Jahren erreicht!

Es gibt was zu feiern!

Mit Feiern meine ich, das freudige Ereignis sogleich den Familienangehörigen zu berichten, oder auch den Freunden, die sich mit mir freuen können. Ja, ich bin ein wenig stolz, etwas Großes, in diesem Fall etwas Hohes, geschafft zu haben. Zudem kann ich in diesem Buch davon berichten und nicht nur mir, sondern auch anderen die Motivation überbringen, die wie schon erwähnt „lebenswichtig" ist.

Ich glaube, messbare Ziele sind sehr motivierend, wenn man diese sichtbar macht!

Schon in meinem Buch über Projektmanagement hatte ich dies beschrieben. Nun habe ich einen weiteren Beweis, wie enorm wichtig es ist, denn…

…alles was man sichtbar macht, prägt sich im Gehirn besser ein. Ein Bild erfasst das Gehirn in einem Blick, einprägender als viele Worte, und es motiviert sofort.

Da erinnere ich mich an die Worte eines Neurologen aus München:

SETZEN SIE SICH ZIELE und feiern Sie die Ziel-Erreichung.

Neben vielen kleineren Zielen, die ich noch zu berichten weiß, kommt mir ein Ziel in den Sinn, das es mehr als Wert ist es zu berichten.

Ein großes Ziel, und wie es entstand!

Ein weiteres Gespräch ergab sich mit der Stellvertreterin des Neurologen, der mir so eindrucksvoll die Zielsetzung erklärt hatte. Der erste Eindruck von dieser Frau war nicht so prickelnd, und meine Einschätzung besserte sich auch nicht im Laufe des Gespräches. Meine Frau, die am Anfang, wegen meines unsicheren uns schwachen Zustandes immer dabei war, warf mir immer wieder fragende und entsetzte Blicke zu. Der wenig aufbauende Dialog endete mit einer Frage nach meinen Zielen, und das überraschte mich Sie fragte **„Was möchten Sie erreichen?“** Das Ziel, das ich ihr nannte, kam so spontan über meine Lippen, dass es mich selbst überraschte, es war das

Ziel(2) – Holzhacken.

Aber die Neurologin quittierte meine Antwort mit einem unglaublichen, abschätzigen und überheblichen Lächeln, das bei mir wiederum nicht gut ankam, ja mich demoralisierte, denn es kam zu einem Moment, als ich schlapp und ohne die geringste Energie war. Ich erwartete etwas Motivierendes von einem „Seelen-Klempner“. Diese Frau jedoch hatte keinerlei positive Ausstrahlung, auf mich nicht und auf meine Frau überhaupt nicht. Wohlgemerkt eine Neurologin, sie hat das Fach wohl versehentlich studiert, weil kein anderer Studienplatz an der Universität frei war. Innerlich war ich sehr aufgewühlt, fast wütend, obwohl man mir nachsagt, ich wäre ein „Frauen-Versteher“, aber ich verstand die Reaktion dieser Frau definitiv nicht.

Ich dachte nur, warte, dir werde ich es noch zeigen.

Das waren wiederum Ansporn und **Motivation** für mich, und ich sollte ihr das Bild als Beweis schicken.

Nun ja, manchmal kann aus einem negativen Ereignis sich auch etwas Positives entwickeln.

Nach 3 Jahren und 8 Monaten intensivem Training, den eisernen Willen habe ich bekommen, woher auch immer, habe ich das...

...Ziel (2) erreicht! Super, grandios!

Hier ist das Bild vom...

...Holzhacken ☺

<u>Das nächste große Ziel war längst auswählt!</u>

Ziel (3) - Wieder selbstständig Auto fahren.

Als meine Gedanken wieder klarer wurden, so nach einigen Monaten, und ich mental etwas gefestigter war, traute ich mich ins Auto und bewegte es aus der Garage in die Einfahrt. Etwas vorwärts und auch rückwärts. Natürlich nur mit der gesunden, linken und aktiven Hand. Das Automatikgetriebe machte es möglich, so dass ich mich nur aufs Bremsen und auf etwas Gasgeben konzentrieren musste. Es war ein tolles Gefühl! Endlich ein Hauch von Selbstständigkeit. Als das zufriedenstellend lief, öffnete ich heimlich das Tor, meine Frau wusste natürlich davon nichts. Ich fuhr auf der Straße einmal um den Stock, am Vormittag ohne Verkehr. Der Anfang war gemacht!

Das kleine **Glück,** oder ist es das große Glück, wenn ich ein Ziel erreiche, das in weiter Ferne lag und auf einmal wieder in greifbarer Nähe war: Wieder selbstständig Auto fahren. Dieses kleine Glück empfand ich als großes Glück!

Aber bis es soweit war, gab es noch die eine oder andere Hürde zu nehmen, damit ich auch bei einem eventuellen Unfall versicherungstechnisch abgesichert war. Ich hatte ja keinerlei Fahrverbote eines Arztes, **ein Glück**. Auf meine Nachfrage, wer eine ärztliche „Fahrerlaubnis“ bestätigen könne, wurde ich an einen Neurologen verwiesen, der dies beurteile könne.

Ich brauchte also ein Neurologisches Gutachten.

Die Vorrausetzung dafür wäre eine Bestätigung des Augenarztes bezüglich der Sehfähigkeit. Dies beinhaltet auch ein ausreichendes Gesichtsfeld, das messtechnisch nachgewiesen werden kann. Bei Schlaganfall Patienten kann das durchaus eingeengt sein.

Vom Augenarzt bekam ich, Gott sei Dank, die Bestätigungen. Die Sehfähigkeit hat durch die Krankheit nicht gelitten, auch das Sichtfeld war gut.

Die ersten neurologischen Untersuchungen, die in vielen Tests, in einer ambulanten Reha durchgeführt wurden ergaben, dass meine Gehirnleistungen und Reaktionen sehr gut waren, sogar überdurchschnittlich gut. Der Schlaganfall hatte in dieser Gehirnregion keinen Schaden angerichtet. Das waren gute Voraussetzungen, um meine automobile Fahrtüchtigkeit unter Beweis zu stellen.

Mit diesen Befunden in der Hand konsultierte ich meinen betreuenden Neurologen. Er führte weitere neurologische Tests durch, die anzeigen sollten wie es mit meiner geistigen Flexibilität bestellt sei, und Vieles mehr. Das war für den Neurologen überzeugend genug. Er händigte mir schriftlich den „Freifahrtschein“ für das Fahren mit dem Auto, aus. Allerdings zunächst mit der Einschränkung, nur Autos mit Automatikgetriebe und nur kurze Strecken zu fahren.

Ein toller Erfolg!

Nun kamen nach und nach weiteren Teilziele, bezüglich des Autofahrens.

1. Mit der betroffenen Hand den Automatikganghebel zu bedienen.
   Das habe ich erreicht!

2. Die betroffene Hand auf das Lenkrad zu legen.
   Erreicht! Wie im Bild zu sehen!

3. Mit der betroffenen Hand alleine zu steuern. Das war schon sehr viel schwerer und anspruchsvoller, da die Spastik das Loslassen erschwerte, und das konnte am Lenkrad sehr gefährlich werden.
   Auch das habe ich mit viel, viel Übung erreicht!

4. Das Radio und diverse Tasten im Auto zu bedienen, sowie die Sonnenbrille aus dem dafür vorgesehenen Fach zu holen. Dies hat noch viele Übungen und Anstrengungen gekostet und auch viel Zeit.
Erreicht!!! ☺

5. Die Tasten für das Öffnen des Einfahrtstores zu aktivieren war sehr herausfordernd, diese Tasten sind nämlich oben am Rückspiegel angebracht. Das war doch noch ein wenig zu schwer für meine betroffene Hand. Die Hand heben, drehen und dann noch die Finger ausstrecken, das ist eher etwas für „Weltmeister".

Dieses Teil-Ziel habe ich noch nicht erreicht! ☹

...aber das Fahren mit dem Auto!

Ziel (3) erreicht!

Dieses Ziel habe ich während des Schreibens des Buches auch noch erreicht, aber nur mit dem Mittelfinger, der Zeigefinger ziert sich noch und
fast wäre ich „Weltmeister" geworden ☺

Motivation und Disziplin

Um Ziele, klein oder groß, erreichen zu können braucht es sehr viel Motivation. Ich möchte ein eigenes Kapitel hinzufügen, da dieses Wort „Motivation“ für mich so wichtig war und es hat auch heute noch für mich einen sehr hohen Stellenwert.

Da das Gehirn neue Wege finden muss, um die vielen nicht mehr zur Verfügung stehenden oder blockierten Informationen neu zu erlernen und in anderen Bereichen neu anzusiedeln, ist Übung und die dazugehörige Motivation von essentieller Bedeutung. Ein Beispiel ist die Hand, die Fingerbeweglichkeit, die Fingerfertigkeit.

Die menschliche Hand ist das Werkzeug aller Werkzeuge mit unzähligen Funktionen und Freiheitsgraden. Die Funktionen sind so komplex, das kann man nur erfassen, wenn man einmal achtsam darauf schaut. Es wird noch viel, sehr viele Jahre und viel Programmierarbeit benötigt, bis ein Roboter das alles genauso übernehmen kann.

Dies alles habe ich verspürt, als meine Hand nichts mehr konnte, sie sich kaum mehr bewegte. Es wurde mir langsam bewusst, dass ich das langsam Stück für Stück, wieder lernen musste,- nein, durfte -, ich bekam diese Chance.

So waren meine weiteren **Ziele** schon vorprogrammiert, aber davon etwas später.

Zunächst zurück zur **Motivation,** ohne die nichts geht!

Fremd-Motivation und **Eigen-Motivation** sind die Grundpfeiler des Genesungsfortschrittes. Eines geht nicht ohne das Andere. Als erstes muss die Motivation von außen kommen, der Anstoß, ohne das kann ein „Spiel" nicht los gehen. Es soll und muss von „Fremden" kommen, von den Therapeuten, und natürlich, wenn ich von „Fremd" rede, meine ich in erster Linie auch von der Familie.

Die erste **Motivation** kommt am besten von den Angehörigen und engen Freunden, bei mir waren es meine Frau und meine Töchter. Mit Worten: „Schau, jetzt kannst Du schon aufstehen" oder: "Ja, kannst Du schon ohne Hilfe duschen?" wurde ich motiviert, und bin dankbar, wenn das heute noch so passiert, da ich nach fast vier Jahren noch nicht dort bin, wo ich hin möchte.

Der „tolle" und allgemeine Satz, den man immer wieder hört, "Das wird schon wieder" ist absolut negativ belegt und hilft gar nicht. Jeder, der das ***nicht*** ausspricht ist willkommen. Worte wie: „Der Arm ist schon besser", beflügeln mich und sind Gold wert, das motiviert mich heute noch ungemein, so dass ich immer einen neuen Schub vorwärts bekomme. Es ist die hilfreiche Bestätigung, die ich bekomme und brauche, so weiß ich, dass ich auf dem richtigen Weg bin.

Ein gutes Beispiel war die Aussage meiner Tochter Tina, nachdem sie mich aus der Reha mit dem Auto nach Hause gebracht hatte:

„Du hast jetzt Dein wichtigstes und einziges Projekt vor Dir, das ist Deine Genesung und Gesundung. Als ehemaliger Projektmanager weißt Du, was zu tun ist", und Sie lächelte und zeigte mit dem Daumen nach oben.

„Und weiter: **Ein Projekt lebt vom Fortschritt und von den Teil-Zielen und vom erfolgreichen Projekt-Ende"**. Da hat sie mich aber bei meiner Projekt-Manager Ehre gepackt, und das war gut so, sehr gut sogar.

Damit war auf wundervolle Weise der Grundstein zur **Eigenmotivation** gelegt.

Die Eigenmotivation wurde ein essentieller Bestandteil meines Genesungsfortschrittes. Ich war schon immer sehr sensibel und bin durch meinen Tief-Schlag noch sensibler geworden. Ich höre viel mehr in meinen Körper hinein und spüre jede kleinste Veränderung im negativen wie im positiven Sinne. Wie geht die Hand, wie ist es mit dem Fuß? Was macht die Seele, was machen die Nerven, wie ist es mit der allgemeinen Stärke, der Lebenskraft?

So begann ich nach den ersten Tiefschlägen mit meinen Aufzeichnungen, mit dem Tagebuch, meiner Historie und dem Festlegen der Ziele.

Dadurch habe ich mir antrainiert, das Positive mehr zu registrieren und das Negative zu akzeptieren, um die Eigen-Motivation zu stärken.

Ich gebe meinem Gehirn positive Signale. Über meine positiven Gedanken versuche ich, mein gedankliches Potential auf die Spur zu bringen, um die negative Grundstimmung der Krankheit zu verlassen. Das gelingt mir immer wieder und immer öfters. Es ist aber notwendig, dies immer zu wiederholen, wenn es mit den negativen Gedanken mal wieder in den Keller zu gehen droht. Wenn diese kommen, zum Beispiel, „So eine Sch… oder „Mensch, das mit dem Laufen wird nix mehr“, dann hilft mir Meditation oder Entspannung oder der Gang in meinen Keller, wo sich mein Fitnessraum sich befindet, oder…

…eine andere Art Motivation.

Ich habe mir eine **Grafik** angefertigt, wie in meinen besten Zeiten als Projektmanager. Meine Erfahrung konnte ich hier gut einbringen. Das Sichtbarmachen war ein westlicher Teil meiner Arbeit, und so kam die Excel-Tabelle zum Einsatz, um meinen Fortschritt zu erkennen. Ich habe jeden Tag eine Benotung meines Zustandes gemacht und festgehalten. Basierend auf diesen Daten habe ich die Grafik entstehen lassen, und sie fachte die Motivation wieder an.

Ich habe es objektiv betrachtet, auf Papier gesehen, dass es besser wird, auch wenn es „Dellen“ gegeben hat.

Die Grafik zeigt den Weg nach unten, doch es geht mit meiner Seele nicht bergab, nein es handelt sich hier um Schulnoten. ☺

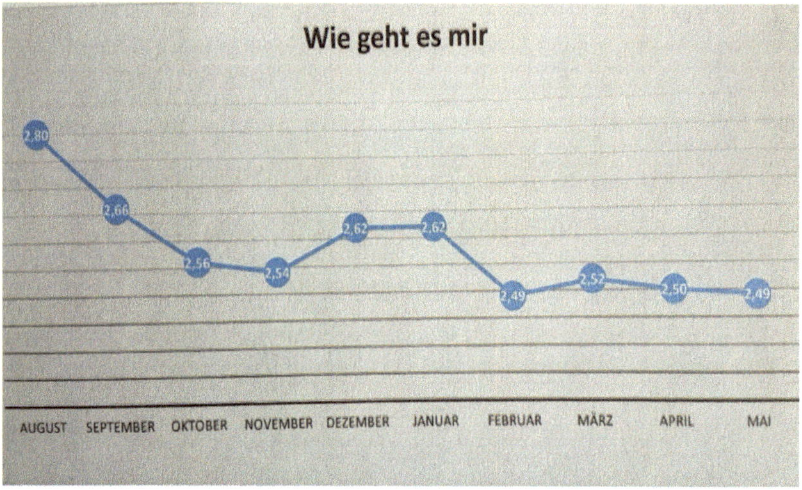

Weitere Ziele

Nach dem Ausflug zur Motivation, zurück zu den…

…Zielen.

Ziel (4) - einen Reisverschluss zu schließen.

Was soll das schon besonderes sein, einen Reisverschluss zu schließen?

Nun stehe ich da und schau „recht blöd", würde man in Bayern sagen. Mit einer Hand unmöglich, fast unmöglich. Langsam begann ich meinen Zeigefinger und Daumen zu sagen, es wäre schön, wenn ihr mal was tut. Nach zwei Jahren haben sie es verstanden, und mit Geduld habe ich es doch geschafft einen Reißverschluss selbst zuschließen.

<u>Top! Ziel erreicht!</u>

Ziel (5) - ein Hemd zuzuknöpfen,

eine Meisterleistung…

…wenn es gilt, dies zu erlenen. Die Fingerfertigkeit hat schon artistische Züge. Nicht für Ottonormalverbraucher, aber für mich schon. Ich denke heute anders darüber. Nichts ist mehr normal, alle Tätigkeiten, die ich fertig bringe, betrachte ich mit Bewunderung, jeder Schritt, jede Treppe, die ich gehe, gehe ich bewusster.

Die Hand und die Fingerfertigkeit erstaunen mich immer wieder aufs Neue, wie ich auch mit dem Buchtitel und dem Titelbild mit Stolz hingewiesen habe, was die Hand kann und was für mich **nicht** selbstverständlich ist.

Das wäre auch ein Grund zu feiern, und es gäbe eine Menge zu feiern, Gott sei Dank.

Ziel erreicht!

Ziel (6) - Das Binden der Schuhe.

Wann lernt ein Kind das Binden der Schuhe?

Zum Kindergarten-Start, so war es früher. Ich lernte es nach zweieinhalb Jahren wieder, das heißt ein zweites Mal. Meine Finger und die Koordination waren dann so weit und gehorchten meinen Anweisungen.

Ich war ein gefragter Schleifenbinder, nicht bei den Schuhen, aber bei den Sängern am Kragen, vor einem Chor- Auftritt. Ich konnte das genau, korrekt und schön. Nach einer langen Zeit war ich dazu wieder in der Lage und bin dafür dankbar. Ein **Glück.**

Ziel erreicht! Hervorragend! ☺

Ziel (7) - Klavier spielen.

Die Tasten meines Klaviers zu drücken und…

…einen Ton zu erzeugen, das war ein wertvoller Hinweis meines Heilpraktikers, den ich zusätzlich zu der ärztlichen Betreuung aufsuchte. Er sagte, wenn Sie einen Finger der betroffenen Hand auf eine Taste legen und mit der gesunden Hand betätigen, so geben Sie dem Gehirn positive Signale. Heute schaffe ich schon eine „aktive" Terz zu spielen.

Ziel erreicht! Toll, Wunderbar! ☺

Ziel (8) - Das Singen, eine weitere Motivation.

Ich kann von **Glück** sprechen, dass ich schon 50 Jahre in einem Männerchor bin und ein begeisterter Chorsänger obendrein. Alsbald fing ich wieder an, die Chorproben zu besuchen, wenn ich mir auch anfänglich schwer tat, die zwei Stunden durchzuhalten, denn es fehlte noch die Kraft und die Konzentration. Doch meine Logopädin machte mir Mut, weiterzumachen, da es die Sprache fördert und so eine Erweiterung ihrer Therapie wäre.

Ziel erreicht!

Ziel (9) - Gitarre zu spielen, ist das nächste Ziel!

Das ist die Königsdisziplin in meiner Wahrnehmung für die betroffene Hand. Der Hand fehlt noch die Lockerheit, die man bräuchte für ein flüssiges Spiel, die Spastik verhindert das noch. Kann ich es abstellen?

Üben, üben, üben!

Ziel noch nicht erreicht! ☹

Ziel (10) - Wieder Radfahren.

Das ist fast schwerer als Autofahren, denn da spielt das Gleichgewicht eine besondere Rolle. Nach einiger Zeit wollte ich es versuchen. Ich erinnerte mich, wie die Kinder das Fahrrad leicht erlernen, nämlich mit einem Laufrad. Wo kriege ich ein so großes Laufrad her? Kreativität und Ideenreichtum war gefragt. Ich schraubte am Sattel und machte ihn tiefer, so schnell wie ich das schreibe ging es dann doch nicht, mit einer Hand - der linken Hand.

Da muss ich doch eine Anekdote einschieben, die ein Freund einmal zum Besten gab, als er seine rechte Hand verletzt in der Schlinge trug. Er sagte: „Gott sei Dank ist die rechte betroffen, da ich zwei linke Hände habe." ☺

Nun, der Sattel war tiefer, so dass ich mit beiden Füssen den Boden gut erreichen konnte. Als nächstes mussten die Pedale entfernt werden, da half mir mein Nachbar, denn dafür brauchte man schon zwei ganze Hände. Fertig war mein Laufrad. Es ging besser als gedacht, so dass ich bald die Pedale wieder anmontieren ließ.

Nach einer geraumen Zeit fuhr ich mit dem Fahrrad, noch etwas unsicher, aber ich fuhr die Straße auf und ab, und wurde von den Nachbarn gesehen und positiv motiviert.

Ziel erreicht! Ein nicht ganz triviales Ziel.

Ziel (11) - Wieder Schwimmen gehen.

Wie soll ich in mein Schwimmbad kommen? Über die Leiter, aber dafür braucht es zwei Hände, das konnte ich mir aus dem Kopf schlagen, aber wie lange? Nächstes Jahr könnte ich es schaffen, sagte ich mir, als ich von der Reha heim kam. Im nächsten Jahr schaffte ich es, mit „Ach und Krach“ in meinen Pool zu kommen, ja ich bin in der **glücklichen** Lage einen eigenen Pool zu haben.

Nun war ich im Pool, aber Schwimmen mit einer Hand und einem schwachen Bein, das kann nicht gut gehen. Nach zwei Zügen ging ich schon unter. Das war demotivierend! Nach einigen Wochen begann ich mich vorwärts zu bewegen, aber leider schwamm ich, wenn man es so nennen kann, nur im Kreis herum wegen der betroffenen, schwachen Hand. Zum **Glück** war mein Becken rund. ☺

Heute kann ich schon zwanzig Meter in Rückenlag schwimmen und schaffe drei Züge gerade aus und „saufe" erst nach fünfzehn Zügen ab, wie gesagt immer im Kreis herum.

Irgendwann geht es auch wieder geradeaus. ☺

Was für ein Fortschritt, und ich gebe nicht auf!

Ziel <u>noch nicht</u> erreicht!

Ich habe noch Zeit bis...

Der Schlaganfall – PENG!

Nun habe ich von Aufbauendem und Motivierendem erzählt, doch den Anfang der Geschichte habe ich noch nicht berichtet.

Ich möchte jetzt von meinen dunkelsten Stunden und weniger schönen Tagen berichten, und wie es mir gelang, motiviert das Erreichen meiner Ziele – wie ein Leistungssportler! – zu erkämpfen.

Und ich stellte fest:

Und immer, immer wieder geht die Sonne auf!

Wie aus dem Lied von Udo Jürgens.

Der Tag, an dem es geschah.

Eine körperliche und seelische Belastung, gepaart mit permanenten Gedanken über ein schwieriges, nicht berufliches Projekt und die Problematik, nicht darüber reden zu können, das ist purer Stress. Hinzu kam die große Hitze dieser Tage und zu wenig getrunken – ***PENG.***

Glück gehabt…?

Es war am 21. Juli 2015, drei Tage nach meinem 68. Geburtstag, 3 Jahre nach meinem Eintritt in den Ruhestand.

Es war ein heißer Nachmittag. Bei strahlend-blauen Himmel hielt ich mich zu der Zeit auf dem Sportgelände in Haimhausen auf, nicht um Sport zu machen, nein, ich leitete ein Projekt. Ich war verantwortlich für die Beregnung und Beleuchtung von Sportplätzen. Die Beregnungsanlagen für vier Sportplätze waren installiert, die Sprinkler sorgten schon dafür, dass das Grün auf den Plätzen grüner wird, und die braunen Flecken auf dem Rasen verschwanden. Die Planungsphase war längst abgeschlossen. Die Masten für die Beleuchtung wurden gerade gesetzt, damit die Fußballspieler bald mit neuem Licht ihr Spiel machen konnten und nicht mehr auf dem halb dunklen Spielfeld den Ball suchen mussten. So würde es kein Zufall mehr sein, wann und wo der Ball wieder aus dem dunklen Nachthimmel zum Vorschein kam, wenn er, was ja beim Fußballspiel immer wieder vorkam, hoch geschossen wurde.

Wie gesagt, es war wieder ein heißer Tag, es war vier Uhr Nachmittag, und es war die Zeit, nach Hause zu fahren. Ein Tag nach zwei intensiven Wochen Projektarbeit, und ich hatte vergessen, meinen Flüssigkeitsspeicher aufzufüllen! Ja, ich hatte zu wenig getrunken, und das Blut wurde dickflüssiger, das weiß ich heute. Man spürt es nicht und es tut nicht weh. Dann kann es passieren, dass sich vom Herzen ein klitzekleines Stück ablöst, und durch die Dicke des Blutes kommt es nicht mehr durch die dünnen Gefäße des Gehirnes. So war es vermutlich bei mir. Es war ein Vorbote eines Schlaganfalles, als ich bemerkte, dass meine Sprache nicht mehr so war wie gewohnt. Ich unterhielt mich mit einem guten Bekannten am Sportplatz, die Zunge war auf einmal nicht mehr so flüssig, irgendwie schwer. Ich dachte natürlich nicht an einen beginnenden Schlaganfall, tat aber instinktiv das momentan Richtige und trank eine Flasche Wasser in einem Zug aus, und sofort war alles wieder ok. Ich dachte immer noch nicht an Schlaganfall, mir passiert so etwas doch nicht.

Ich fuhr mit dem Auto nach Hause, es waren ja nur fünf Kilometer. Ich hatte Glück, dass unterwegs im Auto… …nicht daran zu denken. Ich kam gut und ohne Probleme zu Hause an und dachte nur an den Besuch, der jeden Moment kommen sollte. Mein Weg führte mich auf die Toilette nach oben, dann war etwas Ungewöhnliches, ich saß da und versuchte aufzustehen und meine Hose hoch zu ziehen, aber meine rechte Hand tat nicht mehr das, was ich wollte, sie funktionierte nicht mehr. Ich konnte mich noch aufraffen und zur Tür kommen und rief meine Frau, bevor ich mich nicht mehr auf den Beinen halten konnte und zusammenbrach. Sie bemerkte meinen eigenartigen Tonfall, der ein sofortiges Eingreifen signalisiert haben musste. Jetzt erst wurde mir bewusst, es war ein Schlaganfall. Die gerade eintreffenden Nachbarn, der besagte Besuch, waren auch sofort zur Stelle und sehr hilfreich. Sie riefen den Notarzt. Mit kühlen Tüchern wurde mir das Warten auf den Retter in „Weiß“ erträglich gestaltet, da mein Allgemeinzustand eher nicht so prickelnd war, um nicht zu sagen, mir war hundeelend und ich war apathisch. Ich hatte kein Zeitgefühl mehr und wusste so auch nicht, wie lange es gedauert hat, bis der Notarzt kam. Ich wusste nur, dass mich sein Erscheinen sehr beruhigt hatte. Er fragte mich banale Sachen, die ich mehr oder weniger gut beantworten konnte, dann setzte er sogleich eine Nadel für irgendeine Infusion, er redete ruhig und war ohne Hektik. Beim etwas schwierigen Transport vom oberen Stockwerk ins Parterre schien es mir schon etwas besser zu gehen. Im Krankenwagen wurde es schon wieder etwas besser, je näher wir zur Klinik kamen.

Mein Klinik-Aufenthalt...

...und das Problem!

Ich war bei der Ankunft in der Klinik, Ankunft klingt fast wie Urlaub, aber ein Notarzt brachte mich mit Tatütata via Krankenwagen direkt in die „STROKE Unit". Das Wort „Stroke Unit", klingt schon mal aufregend und musste was Besonderes sein. Es war auch etwas Besonderes, denn es war die Schlaganfall-Abteilung. Ich wurde dorthin gebracht und war zum Erstaunen der Ärzte, die sich sofort um mich kümmerten, wieder fast ganz hergestellt, und die Symptome waren verschwunden. Keine Lähmungen mehr, das heißt alle Funktionen meines Körpers waren wieder normal, alle Tests die sofort gemacht wurden, waren positiv, die negativen Symptome also verschwunden, und ich wollte gleich wieder nach Hause.

Ich musste oder sollte aber auf dringendes Anraten der Ärzte noch mindestens zwei Nächte bleiben, da dies die kritische Zeit für einen weiteren Gehirnschlag sei.

Das Problem

Nun kam die erste Nacht. Ich war an allen Geräten angeschlossen und harrte der Dinge, ich schlief gut, leider zu gut. Um drei Uhr früh wachte ich auf und mein rechter Arm bewegte sich nicht mehr, ein erneuter Schlaganfall! Ich drückte mit der noch funktionierenden linken Hand den

Alarmknopf, und sofort kam ein Pfleger ins Zimmer und alsbald ein Arzt, und dann ging es ab zum MRT (Magnet-Resonanz-Tomographie). Für eine LYSE, eine sogenannte Blutverdünnung, war es anscheinend zu spät und so war es geschehen. Eine Lähmung der rechten Hälfte war das erschreckende Resultat, so war auch das elektronische Untersuchungsergebnis, wie beruhigend!

Kein Gerät der Welt kann feststellen, auch in der Klink ist dies nicht möglich, ob ich gerade einen Schlaganfall erleide. Nur man selbst oder der Partner kann feststellen, ob der Arm oder das Bein oder beides nicht mehr funktioniert und gelähmt ist. Einher geht meistens auch eine Gesichtslähmung, ein Mundwinkel hängt nach unten. Ein Schlaganfall nachts im Schlaf ist der „worst case“, denn im Schlaf geht die wertvolle Zeit, in der eine Lyse möglich wäre, dahin, da man nicht weiß, wann genau der Schlaganfall passiert ist.

Die mögliche Lösung

Obwohl ich in der „Stroke-Unit“ an allen Geräten hing, war der Schlaganfall leider nicht feststellbar. Ich kann nur einen **dringenden Rat** für alle betroffenen Angehörigen geben, die einen Patienten haben, der in die Schlaganfall-Intensivabteilung eingeliefert wird!

Egal wie schwer dieser Fall ist - bleiben Sie, wenn möglich, die ersten zwei Nächte beim Patienten am Bett in der Klinik.

In diesen Nächten ist, laut Ärzte, ein erneuter Schlaganfall am wahrscheinlichsten. Stellen Sie sich stündlich einen Wecker und wecken Sie den Patienten, um zu sehen, ob eine Verschlechterung, das heißt eine zusätzliche Lähmung eingetreten ist. Stunde um Stunde, die ganze Nacht. Prüfen Sie, kann der oder die Person alle Beine und Hände bewegen wie vorher? Ist eine Verschlimmerung eingetreten. Wenn ja, können Sie sofort Alarm schlagen, und es ist noch Zeit für ein MRT und eine eventuelle Lyse.

Das wäre in meinem Fall sehr hilfreich gewesen und hätte mich vor zwei weiteren Schlaganfällen und deren Auswirkungen bewahrt.

An die Adresse der Verantwortlichen!

Wissen das die Ärzte nicht?

Oder ist es Personalmangel?

Nach dem dritten „Stroke“ war es vorbei, auch mit mir, denn ich war ziemlich geschafft, so als ob ich dreimal mit dem Kopf mit voller Kraft gegen die Wand gedonnert wäre! Total durcheinander und relativ teilnahmslos, ich weiß heute nur noch Bruchteile aus der Zeit, in der ich auf dieser speziellen Station lag. Nach einer Woche stabilisierte sich mein Zustand, leider auf niedrigem Niveau.

Die Ursachenforschung begann schon bald. Der hohe oder höhere Blutdruck, der anscheinend nicht allein der Auslöser war, wurde langsam gesenkt. Die Gefäße wurden auch nicht als Problem gesehen, da ich keine Blutverdünnung bekam, was ich auch nicht registriert hätte. Es folgten die nächtlichen Aufzeichnungen, ob eine Schlaf-Apnoe vorlag, denn die hätte einen Herzaussetzer verursachen können, doch diese Untersuchung war auch negativ. Es gab kein Resultat, nur die Vermutung, dass das Herz ein kleines Partikel abgestoßen haben könnte, das im Gehirn eine Blockade verursacht haben könnte, die der Auslöser für das Dilemma gewesen wäre. So wurde die Behandlung beschränkt auf ASS100, um dies zu verhindern, und der Blutdruck wurde mit den passenden Mitteln eingestellt.

Die „heiße Phase“ war anscheinend vorbei, und ich war schon wieder so weit, um etwas klarer zu denken. Nun kam ich ein „normales“ Krankenzimmer. Ich konnte schon bei meiner Frau den Wunsch äußern, gegen Aufpreis in ein Zwei-Bett-Zimmer verlegt zu werden, was auch klappte – **ein Lichtblick!**

Der erste Lichtblick

Nun konnte ich schon langsam die Umwelt wieder erfassen, den Tagesablauf verfolgen, und ich versuchte, mein Smartphone mit der linken Hand zu bedienen. Ich versuchte es. Langsam, wenn auch anfänglich mit vielen Fehlern, gelang es mir, den anscheinend „komplizierten“ Ablauf der Funktionen eines Smartphone von Neuem zu erarbeiten. Es schien mir, so als ob ich einiges wieder lernen musste. Ich war wieder mit der Außenwelt in Kontakt. Besuche meiner Frau konnte ich schon gut aushalten, wenn auch nicht lange, da ich noch viel schlief und mein Gehirn überhaupt nicht belastbar war. Ich kann mich heute nicht mehr erinnern, wie oft sie mich besuchte.

Die Besuche meiner Tochter Marianne taten mir sehr gut, sie kam an den schichtfreien Tagen. Einmal wachte ich nachts auf und fand sie auf einem Stuhl schlafend. Das hat mich doch sehr, sehr berührt. Ich empfand eine große Fürsorge, ich dankte ihr und überzeugte sie, dass es besser sei, nach Hause zu fahren, da sie sehr belastet aussah. Die Sorge um mich schien ihr sehr zu zusetzen.

Meine Tochter Tina schien das Wesentliche zu organisieren, sie war schon das zweite Wochenende aus der Schweiz mit Steffen ihrem Mann angereist. Das war sehr hilfreich und beruhigend für mich und vermutlich auch für meine Frau. Ich konnte ihr schon Anweisung geben, was zu tun sei, da mein Terminkalender einige Einträge aufwies. Sie war sehr erfreut, dass meine Gedanken schon einigermaßen sortiert waren und auch meine Sprache schon verständlich war, auch das Gedächtnis funktionierte schon einigermaßen. **Glück gehabt!**

Bei allem Pech, das so ein Schicksals-Schlag mit sich bringt, im wahrsten Sinne des Wortes „Schlag und Schicksal“, hatte ich **Glück,** zu einem Mann ins Zimmer zu kommen, der nicht nur nett, sondern auch sehr hilfsbereit war und voll beweglich, da sein Krankheitsproblem einen anderen Bereich bettraf. **Glück,** das konnte ich so sagen, da ich auf den Rollstuhl angewiesen war, aber nicht alleine in den Rollstuhl kam und auch nicht auf die Toilette. Der Toilettengang, wenn auch mit Hilfe, war wohl der erste kleine Sieg, den ich erreicht hatte, und wäre etwas zum Feiern gewesen, wenn mir zumute gewesen wäre.

Champagner für alle?

Feiern, wenn etwas Neues gelingt, wenn etwas Neues mit dem Arm oder der Hand klappt, ist wohl die beste Motivation. Dafür habe ich ja ein eigenes Kapitel in diesem Buch geschrieben, so wichtig war und ist dieser Punkt für mich. Sicher auch für andere Betroffene.

Es kamen dann diverse Therapeuten an mein Bett. Es wurden Tests gemacht, zum Beispiel, ob der Schluckreflex funktioniert und wie weit das Essen und Trinken geht, um zu sehen, ob ich Speisen schlucken konnte. Ich hatte, wie schon berichtet, bald meine erste Bekanntschaft mit dem Rollstuhl, der mich zur Toilette brachte, wenn auch mit Hilfe, da ich ja nur eine funktionierende Hand hatte. Die nächste Steigerung war ein Geh-Wagen. Ich wurde hineingestellt und ging damit, es schaute wenigstens so aus, mit einer Therapeutin aus dem Zimmer bis zum Ende des Flures, dort war eine große Glasfront und ich sah hinaus. Ich betrachtete die Bäume und die Leute, die dort vor der Klinik saßen, und ein Lächeln huschte über mein Gesicht, ich dachte, ich sei wieder am Leben und im Leben angekommen, ich sei wieder dabei. Ich sah mein erstes Ziel: wieder dort unter einem Baum zu sitzen.

Die erste Motivation, die aus mir herauskam.

Dann ging alles seinen Gang. Nach langem Hin und Her mit der Krankenkasse, wurde die Reha in Bad Gögging eingefädelt.

Alles wurde von meiner Tochter Tina und meiner Frau Karin organisiert, was ich in meinem Zustand nicht annähernd machen konnte.

Als ich dann, begleitet von Tina, liegend zum Krankentransporter gefahren wurde, war ich irgendwie froh, dass nun alles sich zum Besseren oder Guten wenden würde.

Die Stunde Fahrt überstand ich zu meiner Überraschung ziemlich gut, obwohl ich die Straßen fast als Feldwege wahrnahm und die vielen Kurven einfach nicht aufhören wollten, aber ich war positiv gestimmt.

...und die Kraft des Universums...

...und wenn Du denkst, es geht nicht mehr, kommt irgendwo ein Lichtlein her.

Diesen Ausspruch haben die meistens schon einmal gehört, aber ich möchte noch etwas hinzufügen.

Aber Du muss es auch hereinlassen, das Licht.

Woher kann dieses Licht kommen? Vom Himmel? Von Gott? Vom Universum? Woher auch immer.

Es muss eine Kraft geben, die alles steuert.

Die Begegnung mit der **Kraft des Universums**, wie sie auch der geniale Astro-Physiker, Stephen Hawking einmal zu erfassen suchte:

„Es muss da draußen eine höhere Kraft geben, eine Kraft, die wir nur erahnen können. Ich habe sehr weit ins Universum geschaut, Gott ist mir nicht begegnet, aber ich stehe voller Demut vor der Allmacht und der Unendlichkeit des Universums“.

Es muss einen Gott geben oder Jemanden, der das allmächtige Universum steuert, dem wir uns unterordnen sollen, oder besser einordnen sollen. Vielleicht sind wir, wenn wir krank werden, auf dem „falschen Weg“? Auf einem Weg, den das Universum nicht für uns vorgesehen hat? Vielleicht fahren wir mit einem Rad schon im Straßengraben und merken es nicht?

Aber da fällt mir der Titel eines Buches ein, **„Krankheit als Weg“.** Ist es der Weg heraus aus dem Straßengraben?

Stephen Hawking hat auch in seinem Vermächtnis gesagt: „Egal wie schwierig das Leben zu sein scheint, es gibt immer was zu tun – **und es ist wichtig, dass Ihr niemals aufgebt“.**

Die stationäre Reha

Nun der Reihe nach, dem Glück auf der Spur!

Ich hatte Glück, mein Wunsch ging in Erfüllung, ich bekam ein Einzelzimmer mit Balkon. Es wurde wieder organisiert von Tina, meiner Tochter, allerdings mit einer privaten Zuzahlung, denn die war es mir und meiner Gesundheit wert. Alles war vorbereitet von Tina, sie managte von Zürich aus alles Notwendige, und das in hervorragender Projekt-Management-Manier. Sie hatte die Coolness, die in so einer Situation notwendig und gut war. Sie hat kein übertriebenes Mitleid an den Tag gelegt, aber „Power" für die Problematik, und davon jede Menge. Das Zimmer war zum **Glück** nach Norden ausgerichtet und mit Sicht auf den grünen Park. Es wurde ein heißer August, und da war ein Nordzimmer nicht übel. So war es wegen der kommenden hohen Temperaturen zumindest erträglich. Hinzu kamen die bekannten Einschränkungen, die ich hatte. So war es von sehr großem Vorteil, dass ich das Zimmer nicht mit einem Zimmergenossen teilen und seine Eigenarten ertragen musste. So waren der optimale Genesungsfortschritt und auch die Nachtruhe gesichert. Von den durch meine Beeinträchtigung zu erwartenden Schwierigkeiten wie den Toilettengang, das Waschen und Zähneputzen etc. ganz zu schweigen. All das waren riesige Herausforderungen für mich, denn ich musste das alles mit dem Rollstuhl und mit einer Hand bewältigen.

Ich hatte Glück, zu dieser Zeit so eine Familie zur Seite zu haben, die es geschafft hat, nicht weinend am Bett zu stehen und traurig zu schauen. Nein, sie waren alle da zur rechten Zeit, eine große Hilfe. Meine Frau und meine zwei Töchter, Tina und Marianne. Ich war froh um meine Tochter Tina, die damals, Gott sei Dank, so Vieles managte. Alle drei, Karin, Tina und Marianne, haben einen tollen Job gemacht. Keiner kam auf den Gedanken, den blöden Spruch zu sagen: "Des wird schon wieder“. Eine gute Laune und wie schon erwähnt ein Lächeln zum „bösen Spiel“, das ist das Beste und Einzige, was man in dieser Situation gebrauchen kann. Die Frage:"Wie geht es“, erübrigt sich und ist überhaupt nicht hilfreich, es würde einen nur runter ziehen.

Ein weiteres tolles Hilfsmittel verdanke ich der digitalen Neuzeit und Tina, die ein tolles und teures Geschenk mitbrachte, ein I-PAD, ein Mini I-PAD, es ermöglichte mir per Bildtelefon die Verbindung zur Außenwelt, nach Hause herzustellen. Sie kümmerte sich darum, das vorhandene WLAN zu aktivieren und ein Password zu bekommen und richtete mir die moderne und zeitgemäße Kommunikation ein, funktionsfähig natürlich. Nun konnte ich täglich meine Frau Karin sehen und hören. Das war eine wunderbare und tolle Therapie. Die digitale Neuzeit, wie wunderbar und hilfreich in solchen Situationen.

Die Unterstützung von außen, von der Familie oder guten Freunden, ist sehr, sehr wichtig, wenn der Gesundungsfortschritt vorankommen soll.

Der erste Tag

Leider war es ein Samstag, doch eine Therapeutin war eingeteilt, gesellte sich zu mir und stellte mich am Geländer des Flures auf die Beine. Ich dachte, das geht schief, aber ich hielt mich mit der gesunden Hand am Geländer fest, und mit ihrer Hilfe tappte ich einige Schritte am Geländer entlang – **ein Fortschritt**. Nach einer halben Stunde war die Therapie beendet, wie ich meine erfolgreich, denn ich hatte ein Lächeln auf dem Gesicht, und sie rollte mich wieder ins Zimmer. Ein Lächeln ihrerseits wäre auch angebracht, aber ein Dienst am Samstag? Na ja, meine Erwartungshaltung war wahrscheinlich zu hoch. ☺

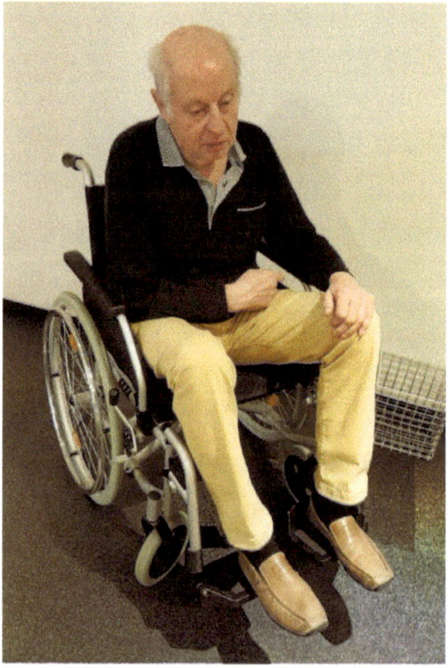

Ich musste mich erst an mein neues Fortbewegungsmittel, den Rollstuhl, gewöhnen, mit einer Hand und ein-ein-halb Füssen. Nur Mut, Zeit zum Üben war ja genug.

Am Sonntag gab es natürlich kein Therapieprogramm aber dafür war ein Besuch von meiner Frau und meiner Tochter sehr willkommen. Auch für sie war so ein fahrbarer Untersatz ohne Motor noch sehr gewöhnungsbedürftig, da so ein Spaziergang oder eine Spazierfahrt mit mir in den Park ungewöhnlich war. Sie ließen sich aber nichts anmerken. Ich war das erste Mal auf Hilfe angewiesen.

Die Therapie begann am Montag. Der Plan sah Physiotherapie, Ergo und auch Sprachtherapie sowie Training der Gesichtsmuskulatur vor. Also los geht's!

Das Problem

Die Therapeuten machten in der halben Stunde das, was sie in der Ausbildung gelernt haben, aber dachten nicht daran oder hatten es vergessen zu erwähnen, dass es sehr wichtig wäre, das Erlernte fleißig zu üben. Die Zeit hätte ich sehr wohl zwischen den Therapien gehabt, doch es fehlte mir an der Motivation und es fehlte das daran denken. Bei so einer Belastung des Gehirns, die diese Krankheit oder der „Unfall“ mit sich bringt, wäre es notwendig gewesen, ein wiederholtes Erinnert werden hätte definitiv etwas gebracht.

Das große Ziel war **in meinem „Reich“ autark zu werden**. Ich wollte mich mit dem Rollstuhl im Zimmer bewegen können, obwohl ich nur eine Hand zur Verfügung hatte. Ich versuchte es, und irgendwie klappt es auch bald, mit viel Mühe.

Als erstes versuchte ich, alleine mit dem Rollstuhl zur Toilette zu kommen und schaffte es vom rollenden Stuhl auf den festen Toilettensitz zu klettern, **„wow", super.**

Ich war ein wenig stolz und spürte große Erleichterung, hier keine Abhängigkeit mehr zu haben. Die zweite Freiheit und Herausforderung war, auf die Terrasse zu gelangen, dazu musste ich eine kleine Schwelle bewältigen. Mit zwei Händen wäre das machbar, aber… auch diese Aufgabe habe ich mit einer Hand geschafft! Einen schönen Blick auf den Park mit grünen Bäumen waren Belohnung genug, und etwas frische Luft, die ich in vollen Zügen genoss.

Die Aussage der Schwester am ersten Abend, als ich sie fragte, ob sie mir helfen könnte beim Waschen, war, „am Abend haben wir keine Zeit", und Sie verschwand sogleich wieder aus meinem Zimmer. Frustriert legte ich mich ins Bett. Aber nun begann eine meiner guten und positiven Eigenschaften, nicht lange zu hadern und sich zu ärgern, da das ohnehin nichts bringt. Jedes Problem hat eine Lösung. Ich begann zu suchen, lösungsorientiert wie ich nun mal bin. So weit war meine Denkmaschine schon wieder angelaufen, wenn auch nicht mit voller Leistung. Ich ging den Vorgang der Reihe nach durch und kam zum Ergebnis, es langsam zu probieren, auch wenn es nicht aufs erste Mal klappen sollte. Und da war ja auch noch der Alarmknopf. Gesagt getan ich zog mich aus - mit einer Hand ist alles mühsam, ungewohnt und untrainiert. Dann fuhr ich mit meinem Gefährt in die Dusche, zog die Bremse und suchte den notwendigen Halt. Noch ein bisschen mit dem Rollstuhl vor, jetzt aufstehen, anlehnen, Vorhang mit der gesunden Hand zu zuziehen und das Wasser aufdrehen. Das Festhalten und Waschen zugleich ging am Anfang nicht so gut, aber ich wurde nass - ein tolles Gefühl - und es wurde jeden Tag besser. Ich traute mir jeden Tag ein wenig mehr zu. Die Details zum Zähneputzen und Rasieren mit dem rollenden Zweirad plus Zusatzrädern, also einem „four-wheeler", seien, so glaubte ich nicht so wichtig – doch schnell erkannte ich, wie wichtig und herausfordernd sie denn noch waren. Ideenreichtum war gefragt. Ich hatte den Willen, sofort eine gewisse Selbstständigkeit zu erreichen, um allein auf die Toilette zu gehen, mich zu duschen und anzuziehen und...

...nach einigen Tagen war ich autark, ich brauchte keine Schwester mehr zum Waschen und Anziehen!

Ein so großer, ein riesiger Erfolg! ☺

Ein Unglaubliches, wunderbares Gefühl!

<u>Ziel erreicht!</u>

Die depressive Phasen

Obwohl ich positives mit der Zielerreichung erlebt hatte, hatte ich mit mentalen und psychischen Problemen zu kämpfen, mit den Einschnitten ins Nerven-Kostüm, die so ein Schlaganfall verursachen kann. Sie bereiteten mir die meisten Probleme. Manchmal ging es mir psychisch so schlecht, dass ich dachte, ich käme nicht mehr heim. Wie sollte ich die Treppe ins Schlafzimmer erklimmen, wie soll ich je in die Dusche kommen? Alles das waren Hürden, die mir riesengroß erschienen. Doch ich erinnerte mich: die ersten kleinen Hürden hatte ich ja schon genommen.

Nach einigen Therapiestunden entstieg ich dem Rollstuhl, und nach drei Wochen machte ich die ersten Schritte mit dem Stock, schon ganz passabel. Ich schaffte alsbald schon den Weg vom Zimmer bis in den Speisesaal, ganz ohne rollendes Equipment. Das nächste Ziel schon in Sicht, ging ich mit der Therapeutin an die Treppe und ich überwand, natürlich noch unsicher und mit Anstrengung, eine Etage am Handlauf. **Das war ein Sieg auf der ganzen Linie! Ich konnte wieder an das Zuhause denken, an die Treppe zum Schlafzimmer!**

Aber zwischenzeitlich kamen immer wieder diese seelischen Tiefen, woher kamen sie?

Ich war manchmal so verzweifelt, dass die zwischenzeitlichen Erfolge wieder überdeckt wurden. Die Sorgen und Nöte, die einer gewissen depressiven Neigung gleich kamen, belasteten mich schwer. Der Gedanke, ich käme nicht mehr heim, zog mich, unbegründet, immer wieder runter. Hinzu kam, dass ich über meine Ängste mit Niemandem reden konnte. Eine psychologische Betreuung wurde mir leider nicht angeboten. Mit meiner Frau, so empfand ich, konnte ich nicht reden und auch nicht mit meinen Kindern, die hatten doch weiß Gott schon viel genug auszuhalten. Einmal war eine Krankenschwester an meinem Bett gesessen und hat mir für fünf Minuten zugehört, ja ganze fünf Minuten, das war wahrlich hilfreich, in meinen immer wiederkehrenden, unendlich mentalen und nervlichen Tiefen. Ein Sonnenschein, in Gestalt einer Krankenschwester, in dunkler Nacht, erhellte mein Gemüt. Es war keine psychologische Hilfe, nein es war eine menschliche. Eine Psychologin hätte es nicht besser machen können. Aber leider kam sonst niemand auf diese Idee, dass es mir mental immer mal wieder schlecht gehen könnte.

Dann ein Lichtblick…

Mein Gehirn war immer noch so durcheinander, dass ich gar nicht Fernsehen konnte. Ich konnte die Abfolge der Bilder nicht verkraften, bis… ja bis ich zufällig wieder einmal den Flimmerkasten einschaltete, damit sich etwas bewegte und ein anderes Geräusch im Zimmer war, und so mussten meine Gedanken sich zwangsweise auf etwas Anderes konzentrieren. So stieß ich auf eine Sendung:

„Eine Pilgerreise nach Lourdes“.

Es war ein ruhiger Bericht, der mich sogleich interessierte. Der Moderator sprach mit einer wohlklingenden, sonoren Stimme, und ich fühlte, wie eine gewisse Kraft, eine Kraft des Glaubens, eine Kraft des Loslassens und eine wohltuenden Ruhe ins Zimmer kam, in <u>mein</u> Zimmer, aus dem Fernseher heraus, aus einem toten Stück Technik. Mit der Kameraführung gelangen Bilder, die ich im Nachhinein noch bewundernswerter und einfühlsamer fand. Der Bericht zeigte in beeindruckender Weise, was die Leute bei dieser Reise erlebten, wie es ihnen dort erging und was sie so bewegte. Ich habe förmlich gespürt, wie allesamt in großer Hoffnung waren, in tiefer Demut, dass ihnen eine gewisse Hilfe zuteilwerden könnte. Ich war sehr beeindruckt und wurde immer ruhiger, und ich fand eigenartiger Weise eine gewisse mentale Kraft und Hoffnung, die mich aus einem tiefen Tal herausholte und auch noch Tage anhielt. Später, wenn ich an die Bilder von Lourdes dachte, ging es mir immer gleich ein wenig besser. War das ein Zufall, diese Sendung gesehen zu haben? War es eine Eingebung? Es war auf jeden Fall ein Loslassen der besonderen Art. Ich spürte die Kraft, die Krankheit akzeptieren zu lernen, bekam neuen Schwung und Auftrieb. Ich fühlte, es war der richtige Zeitpunkt, diese Bilder gesehen zu haben, um wieder neuen Mut zu bekommen.

Nach diesem freudigen Erlebnis, das mir im Gedächtnis blieb, kam mal wieder ein anderes Problem, es hatte nichts mit dem Schlaganfall zu tun. Ein negatives Ereignis reicht wohl nicht in dieser belastenden Zeit, denn ich bekam Schmerzen im großen Zeh, ein eingewachsener Zehennagel machte großen Ärger. Der Arzt, der für mich zuständig war, den ich um Rat fragte, meinte, ich müsste damit in ein Krankenhaus, doch das wiederum war in meinem Zustand nervlich nicht verkraftbar und zog mich wieder ein Stück runter. Ich gab aber nicht auf und recherchierte im Internet, wo der nächste Podologe sei, besorgte mir einen Termin und den passenden Transport, ein Taxi. Das war eine immense Leistung für mich in diesem Zustand. Hinzu kam das Anziehen mit nur einer funktionierenden Hand, es war die größte Herausforderung. Doch ich nahm auch diese Klippe.

Ich war mit mir selbst so beschäftigt, dass ich keinen Besuch benötigte und wollte, außer meiner Familie. Ich freute mich aber dann doch sehr über die Überraschungsgäste, die mich besuchten. Mein Nachbar machte einen Motorradausflug und stand plötzlich vor mir. Mein Sängerfreund vom 2. Tenor mit Frau ließen es sich nicht nehmen einen kurzen Besuch zu machen, und das wiederum freute mich sehr, obwohl ich längere Gespräche nicht aushalten konnte.

Ich war mit dem Haus, mit der Reha sehr zufrieden. Die Krankenschwestern und Pfleger waren aufmerksam und freundlich. Wenn man die Glocke betätigt hat, kam auch zeitnah Jemand und schaute nach mir. Die Therapeuten waren in Ordnung, wenn gleich das Fachliche nach meinem Gefühl schon etwas zu wünschen übrig ließ. Das lag hauptsächlich daran, dass es die Ferien und Urlaubszeit war mit, wie so üblich zu wenig Personal, und vielen Auszubildenden mit wenig Erfahrung. So kamen zu wenige Behandlungstermine zustande. Die notwendige psychologische Betreuung, wie schon gesagt, blieb dabei auf der Strecke.

Das Ende der stationären Reha.

Nach vier Sonntagen, an denen mich immer meine Frau besuchte, rückte der Entlassungstermin näher, doch bis zuletzt kam immer wieder ein belastender Gedanke auf, wie schon mehrfach berichtet. Aber ich hatte doch…

…alle meine Ziele erreicht, die ich mir vorgenommen hatte:

Ziel 1:

Selbstständigkeit beim Duschen und auf der Toilette.

Ziel 2:

Selbstständigkeit beim Anziehen, aber noch keine Knöpfe.

Ziel 3:

Treppensteigen mit Handlauf auf der linken Seite der Treppe.

Bravo, alle meine Ziele, die ich mir vorgenommen habe, während der Reha erreicht!

Mein Status nach der stationären Reha

Ich möchte die aktuelle Situation, wie es mir nach der Reha ging, festhalten und dokumentieren, um meinen Fortschritt sehen zu können. Wie war mein Zustand, als ich zu Hause ankam? Es ist nicht schwer die noch vorhandenen körperlichen Beschwerden zu schildern. Die nervlichen, mentalen, psychischen Probleme waren ungleich grösser und belastender.

Mein körperlicher Status:

- **Das Gehen** ist beeinträchtigt durch die Spastik, es ist nicht möglich, das Bein beim Gehen genügend abzuwinkeln, auch die Schnelligkeit des Beines ist mangelhaft und überhaupt nicht wie vorher.

- **Die rechte Hand** ist nicht zu gebrauchen, sie ist verkrampft und abgewinkelt. Das Notwendige mache ich mit der linken Hand und werde immer mehr zum Linkshänder. Es ist mühsam, sehr mühsam, dazu kommt, dass **der Arm** auch angewinkelt ist und die Muskeln durch die Spastik verkrampft sind, aber ich kann den Arm schon bis zur Hüfte hochheben.

- **Die Sprache** ist etwas undeutlich. Das bedeutet, ich muss auch hier dranbleiben und weiterüben, auch mit Hilfe und Unterstützung der Logopädin.

Doch es gibt auch Positives zu berichten:

- Es gibt nichts Schlechtes, wo nicht etwas Gutes dabei ist, sagt man, oder kaum ein Nachteil ohne Vorteil. Das Gute ist und war: Ich habe fünfzehn Kilo abgenommen und habe das Gewicht bis heute halten können. Aber mit einem Schlaganfall sein Gewicht zu reduzieren, das ist keine so gute Methode. Der Stoffwechsel scheint auch, wie alles Andere, das im Menschen vorgeht, vom Gehirn gesteuert zu werden.

- Mein Geruchssinn hat sich zum Positiven entwickelt, ich nehme Gerüche war, die mir vorher nicht auffielen.
- Ich sehe besser als vorher und schärfer!
- Mein Gehör ist feiner geworden und der Geschmacksinn hat sich verbessert.

Die nicht körperlichen, mentalen und nervlichen Defizite:

- Ich kann Gesprächen nicht lange folgen, nach zehn Minuten bin ich überlastet und muss die gastliche Stätte verlassen oder das Gespräch beenden. Meine mentale Leistungsfähigkeit ist sehr begrenzt. Die Konzentration ist leider noch nicht vorhanden, mein Gehirn scheint ziemlich „durch den Wind" zu sein. Wenn jemand auf mich einredet, kann ich mich nicht lange konzentrieren und muss abbrechen. Die Geräuschbelastung ist sehr gering. In Gaststätten zum Beispiel, in denen viel und laut durcheinander geredet wird, ist das für mich sehr belastend bis unmöglich. Ich kann dort nicht, auch nicht für kurze Zeit, verweilen.

- Ich bin auch sehr geruchsempfindlich geworden und kann den Zigarettenrauch überhaupt nicht mehr ertragen, bis hin zu Atembeschwerden.

Nach der Stationären Reha entscheidet sich alles

Nach der Reha leitete ich sofort, mit Hilfe meiner Frau, die Therapien im heimischen Umfeld ein. Ich konsultierte umgehend meinen Hausarzt und übergab ihm den Bericht, den ich von der Reha mitbekommen hatte. Er hat meine Bemühungen für die Therapie nicht nur ermöglicht, sondern auch voll und ganz unterstützt, da er mich schon sehr lange als Patient kannte und er auch von der Schwere der Krankheit wusste.

Nun wollte ich so schnell und intensiv wie möglich an mir arbeiten und so gut wie nur möglich gesunden. Ich wollte wieder „der Alte" werden.

Eine Hilfe, ein Bild.

Ein Bild an der Wand über meinem PC ist dabei immer in meinem Blickfeld.

Mit diesem Bild hat mich meine Tochter Marianne sehr überrascht. Das Bild hat eine sehr große Motivationskraft. Ein Bild, ein Geschenk, eine große Hilfe in dieser Zeit, zur rechten Zeit, es beinhaltete die Aussage…

..nichts ist unmöglich.

Die Kraft des Schmetterlings spiegelt eine motivierende, Kraft spendende und das Unmögliche möglich machende Aussage wider.

Dieses Bild vom Schmetterling, und vieles mehr an Aufbauendem, brauchte ich, um einen „ganz normalen" Tag nach der Reha zu überstehen.

Ein „ganz normaler“ Tag nach der Reha.

Es ist mir doch ein Anliegen, einen „normalen“ Tag mir von der Seele zu schreiben. Wo „unten“ ist? Jetzt weiß ich es, denn ich habe es erlebt. Was für ein **Glück** es ist, aus dem tiefen Tal zu kommen. Es waren nicht die Schmerzen, nein, die Depression, die mich zeitweise überfahren hat und mir fast die letzte Motivation zur Wiedergenesung genommen hat, FAST!

Ein Tief, wie es tiefer nicht sein kann. Ich wusste nicht, wie es in mir ist. Ich wusste nicht mal, wie es mir geht, es war so leer und orientierungslos und doch so voll in meinem Kopf, so unglaublich durcheinander. Ich spürte eine Schwäche und war auftriebslos, ja antriebslos. Ich versuchte, es zu schildern und wusste nicht, ob ich es in Worten fassen konnte, wie es mir ging, wie ich mich fühlte. Wem sollte ich es sagen? Meine Frau würde es schwer belasten und mir würde es nicht helfen, da jede Aussage „mir geht es nicht so gut“ sie in Angst versetzen würde. Die Angst, es ginge wieder los, Notarzt, Krankenhaus, das könnte sie mitreißen in eine Depression. Ich musste diese dunklen Stunden selbst verarbeiten und die Situationen selbst irgendwie aufarbeiten.

Gedanken, die dabei immer wieder kamen, wie: Ich mag so nicht weiter leben, vielleicht kommt jemand und knipst mein Lebenslicht aus. Aber wie soll das gehen? Den Gedanken, es selbst in die Hand zu nehmen, da mein Leben keinen Sinn mehr ergab, verwarf ich immer wieder, da ich entweder zu feige war oder die Methoden nicht ideal waren und ich damit Andere sehr belasten würde. Auch dachte ich an „meine drei Mädels", die sehr, sehr traurig wären, wenn ich nicht mehr da wäre.

Wenn ich gar nicht mehr weiter wusste, flüchtete ich mich in eine neurologische Medizin, eine Arznei für depressive Stimmungen, die mich weg „beamte" für 24 Stunden. Ich hatte dann einen seligen Schlaf, nachts und auch mal tagsüber. Allerdings war ich dann tagsüber in leichtem Trance-Zustand, ich stand etwas neben mir.

Ein Ausweg aus der Tiefe war ein Spaziergang in frischer Luft. Obwohl ich nicht weit laufen konnte, war mein Gehirn doch etwas entlastet und hat etwas Anderes gesehen als das Zuhause, das bei weitem alles Andere als ungemütlich war. Obwohl das Laufen nicht so problemlos war, da mein Bein damals noch mit viel spastischer Bewegungseinschränkung belastet war und die normale Gehgeschwindigkeit bei weitem nicht erreichte, zog es mich als Abwechslung und mentale Erleichterung für mein malträtiertes Gehirn hinaus. Am besten wäre ein Waldspaziergang gewesen, aber ein Wald war nicht so schnell erreichbar.

So klammerte ich mich an jeden Strohhalm, den ich bekommen konnte. Und irgendwann blitzte die Hoffnung durch, dass es besser werden würde.

Und so war unter anderem, ein Blatt Papier sehr hilfreich das mir ein Freund per Mail geschickt hat,

„Jesus sorge Du!“.

Diese Seite, die nicht für jeden gleichermaßen mental zugänglich ist, nehme ich gerne im Anhang auf, für Interessierte. Doch mit meiner christlichen, nicht kirchlichen Einstellung, hat das Papier mich in dieser Stunde sehr beeindruckt und der Satz mir immer wieder Mut gemacht, ein entscheidender Satz.

„Gib niemals auf“. Diese Worte haben wieder mit Loslassen zu tun, das mir schon so oft im Leben begegnet ist. Das wiederum hat mich an die Meditation, die ich einmal erlernte, erinnert. Ich dachte an die Übungen der Zen-Meditation, und sie wurde wieder ein Teil meines Lebens. Es waren alles Hilfen, die mir über die Tiefen hinweggeholfen haben.

Ich nahm die kleinen Winke, die mir zur rechten Zeit „zugeflogen“ sind und stand wieder auf aus den Tiefen der, Depression, Gott sei Dank.

Was für ein Glück!

Diese Wechselbäder gingen über 2 Jahre und sind nun glücklicher Weise vorbei.

Wie fühle ich mich?

In der „dunklen“ Zeit konnte ich es mir nicht vorstellen, dass es irgendwann aufwärts gehen könnte. So kam ich auf die Idee, meine Gefühlswelt in Zahlen auszudrücken und festzuhalten, so sah ich zu meiner Überraschung, dass es auch lichte Momente gibt. Das war sehr aufbauend für mich.

Der Fortschritte in Zahlen, wie ich es als Projekt-Manager gewohnt war. Ein toller Lichtblick!

Bewertung des Tages

						Sa	So					
			22	23	24	25	26	27	28	29	30	
	6 Uhr		2,5	2,8	2,7	2,5	3,0	2,5	2,4	2,7	2,5	
Stimmung früh	8 Uhr		2,5	2,8	2,7	2,5	2,9	2,8	2,4	2,7	2,5	
	10:30		2,5	2,8	2,7	2,5	2,7	2,7	2,4	2,7	2,7	
	12 Uhr		2,5	2,8	2,7	2,5	2,5	2,6	2,4	2,7	2,5	
Stimmung nachm.	14 Uhr		2,5	2,8	2,7	2,5	2,5	2,5	2,8	2,7	2,5	
	16 Uhr		3,5	2,8	2,7	2,5	2,5	2,4	2,8	2,5	2,5	
Stimmung abends	19 Uhr		4,5	2,5	2,7	2,5	2,5	2,4	4,5	2,5	2,7	
	22 Uhr		4,0	2,5	2,7	3,0	2,5	2,4	3,5	2,4	2,7	
	Summe		3,1	2,7	2,7	2,6	2,6	2,5	2,9	2,6	2,6	0,0
			Summen Durchschnitt							**2,701**		

1 = sehr gut, gesund!
2,0 = sehr guter Tag
2,5 = Tag OK
2,7 = geht so
4,5 = seht schlecht
5,0 = katasrophal

Schwäche beim Spazieren,

Singen abgebrochen wegen Schwindel

LEKG, Mandel Halswirbel

Was noch wichtig wäre zu erwähnen.

Alles dreht sich um meine Krankheit, aber...

... niemand fragt, wie geht es meiner Familie? Durch welche Tiefen sind meine Frau und meine Kinder gegangen?

Diese Thematik sollten die Freunde und Bekannten eines Betroffenen auch einmal beachten. Natürlich fragt man als erstes, wie es dem Erkrankten geht, aber es wäre auch einmal etwas Besonderes und Einfühlsames danach zu fragen wie es dem Partner des Erkrankten und den Kindern geht. Sie werden überrascht sein, wie positiv das aufgenommen wird. Es kann durchaus sein, dass auf einmal jemand sich etwas von der Seele redet, wenn Sie sich Zeit nehmen und das Gefühl vermitteln, dass Sie es ehrlich meinen. Auf jeden Fall sind die Angesprochenen positiv überrascht und erfreut, wenn so eine Frage kommt.

Denken Sie daran!

Die ambulante Reha

Achtung! Bei der Therapeutenwahl

Nachdem mein Gehirn zum Glück wieder seine normale Denkfähigkeit aufgenommen hatte, nahm ich jede Information, die Heilung oder Besserung versprach, auf wie ein trockener Schwamm das Wasser, um dem Elend entfliehen zu können. Eine Möglichkeit, die mir eventuell weiterhelfen könnte, kam aus einer in München angesiedelten Klinik, die mir eine ambulante Reha empfohlen hatte.

Ich nahm sofort Kontakt mit der Einrichtung auf und bekam zu meiner Überraschung gleich einen Termin. Nach einem ersten Gespräch mit dem leitenden Neurologen war ich noch guter Dinge. Als aber die wöchentliche Planung gemacht wurde und die ersten Termine absolviert waren, kamen die ersten Zweifel hinsichtlich der angewandten Methode. Auch war die tägliche Taxifahrt zu der 20 km entfernten Einrichtung zu anstrengend. Das sollte ein erfahrener Neurologe wissen, dachte ich.

Diese Art von Behandlung war nicht das, was ich mir vorgestellt hatte. Wenn man das Wort etwas zerlegt und – aus **Be-Hand-lung** hört man das Wort **Hand** heraus, dann meint man folgerichtig, hier wird Hand angelegt. Ich lag hier in dieser Institution definitiv falsch. Die angebotene Therapie war in den meisten Fällen auf Gruppenarbeit ausgerichtet, und das war nicht mein Ansinnen, es entwickelte sich zu einer nicht zu stemmenden Baustelle für meine Seele.

Ich war seelisch und psychisch wieder ganz unten angekommen, und da wollte ich auf gar keinen Fall wieder hin. Ich brach nach einigen Wochen, nervlich wieder am Ende, die „tolle“ Reha ab.

Das dicke Ende kam aber noch, als ich fragte, wer bezahlt die Taxifahrten, wer würde die Kosten übernehmen? Die Antwort auf meine Frage gab mir der Neurologe, und die war „die Krankenkasse“. Wie nobel, dachte ich mir.

Nein, so nobel waren sie doch nicht! Das dicke Ende kam später. Nach einigen Briefwechseln, die sehr frustrierend waren, kam die Nachricht per Brief. Ich blieb auf den gesamten Kosten sitzen.

Nachdem ich die negativen Erfahrungen der ambulanten Reha hinter mich gelassen hatte und die 750.- €uro Taxikosten verkraftet hatte, begann die „Neuzeit“, die Zeit der Therapien vor Ort.

Mein Weg durch die Therapien

Welche Therapie ist möglich und sinnvoll nach so einem schweren Schlag?

- Physiotherapie oder Krankengymnastik
- Ergo-Therapie
- Logopädie
- Psychologische Unterstützung

Die Physiotherapie

Meine Bemühungen, oder besser die von meiner Frau, begannen schon am Ende der Reha. **Wir hatten Glück,** eine **Physiotherapie-Praxis** in fußläufiger Entfernung zu wissen und wegen Terminen frühzeitig anzufragen, auch ob wir wegen des Krankheitsbildes da richtig aufgehoben waren. Das war auch glücklicherweise treffend, denn die Praxis bot Krankengymnastik mit einer neurologisch ausgebildeten Fachkraft an. Nach einigen Sitzungen wurde mir erst bewusst, dass ich zufällig - es ist mir einfach „zugefallen“ – in meinem Elend einen unglaublichen **Glücksgriff** getan habe. Die mich betreuende Dame war nicht nur sehr achtsam und einfühlsam, mit ihrer besonderen Ausstrahlung versprühte sie auch einen unglaublichen Optimismus. Sie war für mich wie ein Sonnenschein. Jedes Mal, wenn sie den Behandlungsraum betrat, erlebte ich ihre Strahlkraft. Ich bin immer noch in Behandlung bei ihr. Sie lächelt und strahlte mich jedes Mal an, als ob ich ihr Traummann wäre. Ich dachte und denke heute noch, die Sonne geht auf, wenn sie den Behandlungsraum betritt. Diese Therapeutin ist nicht nur für meine stark angeschlagene Seele ein Segen, sie macht auch einen sehr kompetenten Eindruck auf mich und Ihre Be-Hand-lung war, sehr, sehr hilfreich und - wie ich heute weiß und spüre - auch sehr erfolgreich. Sie riet mir auch, was sehr wichtig wäre, die Übungen zu Hause zu wiederholen. Da ich in dieser frühen Zeit nach dem Schlaganfall das meiste Erlernte wieder vergessen habe, ging ich dazu über, mir auf meinem Smartphone Notizen zum machen. Ja, auch an mir Rentner ist die Neuzeit nicht vorüber gegangen, auch wenn ich mit der rechten Hand weder schreiben noch tippen oder wischen konnte. Zuhause brachte ich die Notizen nach guter Projektmanager Manier in eine EXCEL Tabelle. So ist Stück für Stück mein tägliches Übungsprogramm entstanden.

Die Tabelle später…

Natürlich schaffte ich das Pensum nicht jeden Tag, aber ich hatte einen Leitfaden, sonst hätte ich einiges wieder vergessen.

Ein Physio-Therapeut, ein „Zu-Fall"!

Ja, es war ein Zufall, ich traf auf der Straße meine alte Schulfreundin Resi, in unserem Alter spricht man nach dem „Wie geht's", nur noch über Krankheit. Sie berichtete mir von ihrem Rückenleiden und schwärmte von einem Therapeuten, der gute und fühlende Hände hat und mehr und besserer diagnostiziert als ein MRT. Die Physio-Praxis ist gleich in der nächsten Straße, seinen Name merkte ich mir so gleich. Nach weiteren Schwärmereien über den fähigen Mann wurde ich neugierig. Es folgte eine sehr freudige Verabschiedung von einer strahlenden, wieder gesundenden Frau, und ich beschloss, immer auf der Suche nach weiterer Hilfe, alsbald dort anzurufen. Ich bekam auch zeitnah einen Termin. Der „Heiler" war am Telefon sehr freundlich und ich konnte eine gute Schwingung ausmachen, so dass eine neue Hoffnung geboren war. Er behandelt nur Privatpatienten, also keine Kassen-Patienten, was mich aber nicht abhielt, es mit ihm zu probieren.

Ein Naturbursche empfing mich und es war eine sehr positive erste Begegnung. Nach einem ersten, sondierenden Gespräch begann die Be-Hand-lung. Er fasste mich an und unterzog mich mehreren Tests. Es war ihm sofort klar, dass ich körperliche und neurologische Probleme. Mein „Hirn" war alles andere als in Ordnung. Nach einigen für mich sehr hilfreichen Sitzungen gingen wir in den Keller, und er stellte mich an eine Kletterwand, genauer gesagt eine "Boulderwand", also nicht hoch hinaus, was in einem Keller auch schlecht möglich ist. „Was soll ich da? Ich kann doch nicht klettern", war meine erstaunte Reaktion. Daraufhin erklärte er mir die Wirkungsweise der Übungen und den neurologischen Hintergrund der Kletter-Therapie. Mit seiner Hilfe machte ich erste „Gehversuche", die betroffene Hand machte bei Weitem nicht was sie sollte, aber ich spürte bald eine gewisse Neugier an dieser Therapie. Nach kurzer Zeit war großes Interesse an ihr geweckt, da ich Fortschritte machte und - zu meiner großen Überraschung – sofort ein wenig süchtig nach dem Klettern geworden war. Ich wollte das in mein tägliches Übungsprogramm einbauen, da es sehr positiv für mein Seelenheil war. Meine kreativen Gedanken kamen in Schwung, ich dachte an meinen Fitness-Keller und sah schon im Geiste die Steine an der Wand. Da ich aber noch keine Bohrmaschine bedienen konnte, wartete ich auf Hilfe. Derweilen versuchte ich mit der gesunden Hand und den 40% der anderen, Holzklötze in meiner Werkstatt herzustellen, wie sie im Bild zu sehen sind. Mit Kreissäge, Bohrmaschine, Stemmeisen und Schleifmaschine. Eine wahrhaft große Leistung in meiner Verfassung. **Ja, wo ein Wille, da ein Weg!**

Hier meine „Boulder-Steine" oder Holzklötze an der Kellerwand, meine Kreativität und die Umsetzung eines Plans waren wieder einmal gefragt.

Meine „Boulder“-Wand

...und mein Fitnesskeller

Mein tägliches Übungsprogramm

Die regelmäßige Morgengymnastik wurde seit meiner Krankheit, ein wichtiger Bestandteil meines Tagesablaufes. Sie ist es immer noch und wird es noch sehr lange bleiben. Auch hier habe ich mir wieder messbare Dinge gesucht, z.B. „wie hoch bringe ich meinen Arm mit Hilfe eines Stockes" und Vieles mehr, um die Fortschritte sichtbar zu machen.

Es hätte meinem Körper auch nicht geschadet, wenn ich Dinge oder Übungen auch früher schon begonnen hätte, zum Beispiel auf der Reha. Aber besser später als nie.

Die Aussage der Ärzte und Therapeuten war eindeutig und übereinstimmend und prägten sich in mein Gedächtnis ein, nämlich…

…Üben, üben, üben, damit das Gehirn lernt, die Funktionen des beschädigten Areals, das nicht mehr zur Verfügung steht, in einem ihrer anderen Bereiche anzusiedeln oder zu verlagern.

Der neue Bereich im Gehirn muss aber noch trainiert werden, da dieser von den zu bewerkstelligenden Funktionen noch nichts weiß, und das Erlernen geht so „schnell" wie bei einem Kind, das das Laufen lernen will. Die neuen Informationen müssen geübt und abgespeichert werden. Das geht bei einem Kind spielerisch, doch zum Spielen war mir in dieser Situation nicht zu Mute. So kann ich es verstehen und akzeptieren, dass es eine gewisse Zeit in Anspruch nimmt, je nachdem, wie intensiv man seine Übungen macht. Ich denke nur daran, wie lange es gedauert hat ein Messer zu halten, aber darüber berichte ich später noch.

Ein Arzt, den ich wegen eines anderen Problems konsultierte, - er ist auch in der Forschung tätig - sagte mir:

„Das Gehirn kann immer dazulernen, ohne Altersgrenze. Man muss es aber trainieren!".

Das war für mich die Motivation, nie aufzugeben, da...

...eine irrige Aussage wie **„Nach einem Schlaganfall wäre eine Besserung nach zwei Jahren, nicht mehr zu erwarten"** definitiv falsch ist. **Das kann ich aus eigener Erfahrung berichten!**

Nicht nur das, es ist für den Betroffenen sehr entmutigend, es raubt einem den dringend benötigte Ansporn, weiterzumachen!

Fazit ist „immer weiter" mit

üben, üben, üben, üben, üben!

Man kann es nicht oft genug wiederholen.

In der folgenden Tabelle sind alle Übungen aufgelistet, als Gedankenstütze. Ich habe allerdings nicht alle Übungen an einem Tag geschafft!

Meine täglichen Übungen, mein Trainingsprogramm.

Übungen täglich			
1	**Zen - Meditation**		10
2	**Bodenübungen**	Entspannen	5
3		Div. Bodenübungen	12
4	Beine anwinkeln	recht links runter	2
5		Hände seitlich am Boden	2
6	Fuß - rechts links	Ziehen tippen	2
7	**Skispringer-Haltung**	Arme nach vorne	2
8	**Arme**	**Ball**	2
9	Arme	Expander	5
10	Arme - am Tisch	Arm mit Stock	5
11	Arm nach vorne	mit Stock - drehen	2
12	**Logopädie**	**lt. Liste**	10
13	**Beine**	Seitwärts über Kreuz gehen	2
14	- Strecken	Hände Richtung Boden	1
15	- Waden lockern	Zehen anheben	1
16	- Beine	Vor und Zurück	1
17	Beine Spazieren	Garten/Walking	10
18	Beine	Rückwärtsgehen	1
19	Beine	Situps	1
19	**Ellenbogen auf Tisch**	Springen wechselweise	1
20	**Kopf**	links und rechts	1
21	Schulter kreisen	strecken Hände seitwärts	1
22	**Trampolin**	gehen, springen	2
23	**Keller**	Radfahren	5
24		Klettern	5
25		Stepper - Zugseil	5
26	**Musik**	Gitarre und Klavier spielen	5
	Summe	**maximal**	**101**

Die Ergo-Therapie

Diese Art von Therapie befasst sich mit der Unterstützung und Wiederherstellung der Beweglichkeit, wenn im Krankheitsfalle diese eingeschränkt ist so bei mir. Diese Therapieform war schwieriger zu finden, da sie am Ort nicht angeboten wurde.

Ich fand nach einiger Zeit einen Ergo-Therapeuten, der ins Haus kam. Das war sehr praktisch, doch seine persönliche Art war nicht so „prickelnd“, und darüber hinaus erklärte er mir immer die politische Lage im Detail und wie unzufrieden er damit sei. Anscheinend wollte er mich damit unterhalten, aber in meinem instabilen Zustand, in dem ich mich befand, war das eine Katastrophe für mich. Ich war nach einer Sitzung ganz durcheinander, es zog mich jedes Mal runter, da ich nervlich nicht so stabil war. Es war sehr belastend und der Heilerfolg war dahin. So beendete ich diese Therapie nach kurzer Zeit.

Diese Gegebenheit möchte ich zum Anlass nehmen, darauf hinzuweisen, dass aus meiner Erfahrung die heilende Persönlichkeit, neben ihrer fachlichen Fähigkeiten eine positive Ausstrahlung benötigt. Da der zu Heilende durch die anfängliche Schwäche nach so einem Gehirnleiden nicht beurteilen kann, ob der Therapeuten oder die Therapeutin gut für den Patienten sind, wäre es hilfreich, wenn der Partner so etwas bemerkt und, wenn möglich, einen Therapeutenwechsel veranlasst oder dazu rät.

Bei der ergotherapeutischen Behandlung hatte ich anfänglich noch nicht das Glück wie bei meiner Physiotherapeutin. Doch dann wurde ich im Nachbarort fündig und kam in gute Hände. In dieser Praxis bin ich heute noch.

Das Team von jungen Ergo-Therapeutinnen, die in dieser Praxis arbeiten, leisten allesamt sehr gute und überzeugende Arbeit. Die Therapeutinnen wechseln hin und wieder, das hat den Vorteil, auch teils andere Herangehensweisen der Therapie kennenzulernen, obwohl sie die gleiche Ausbildung erlebt haben. **Ein Glücksfall**. Ich habe aber eine Bezugstherapeutin, die sehr gut und sehr hilfreich für mich ist.

Ich habe mir bei jedem Therapeuten, ob Ergo oder Physio, die für mich besten Übungen abgeschaut und eingeprägt und in meine Tabelle übernommen. Ich überlegte:

Wo kann ich das zu Hause machen?

Wie mache ich das zu Hause?

Das ist nun der passende Zeitpunkt, auf etwas hinzuweisen, nämlich Kreativität! Besonders hier ist es sehr wichtig, kreativ und interessiert zu sein, um vorwärts zu kommen.

Mit der Kreativität wächst die Motivation, weiter zu machen. Ideen holen und umsetzen was möglich ist.

Verwandeln Sie Ihr Wohnzimmer in ein „Fitnessstudio“, ohne ihrem Partner das gemütliche Zuhause zu nehmen. Die Zustimmung meiner Frau habe ich gerne erhalten. Ich zeige Ihnen mit Bildern, was ich alles gemacht habe.

Bei den Ergo-Therapie-Stunden habe ich mir den **Zug-Expander** abgeschaut und im Internet gleich bestellt. An einem Balken habe ich die passende Befestigungsstelle gefunden, die die Zugkraft aushält. Die Gummizüge haben je nach Stärke verschieden Farben, ich habe, wie vom Therapeuten empfohlen, lieber einen schwächeren genommen, damit ich die Übung öfters wiederholen kann. Der Erfolg stellte sich, wie bei allen Übungen, nicht gleich ein, aber üben und wieder üben bringt den Erfolg.

Der Schub-Expander war und ist, wie im Bild zu sehen, ein sehr nützliches Gerät.

Diesen habe ich mit dem mitgelieferten Befestigungsteil in die Wohnzimmertüre eingeklemmt. Er trainiert die Schubkraft, das Loslassen der Handmuskulatur und übt das Strecken, denn das ist wichtig und gut, um die Hand-Spastik zu minimieren.

Ein Gummiband ist auch sehr hilfreich um die Beinmuskulatur wieder zu aktivieren und so dem Gehirn zu sagen, du brauchst wieder mehr Power! Leider hat der Kopf es nicht sofort gehört oder die Ansagen waren nicht präzise genug.

Eine weitere gute Übung für die Beine ist das „situps", das Aufstehen vom Stuhl, ohne die Hände zu benutzen. Bei mir war ja am Anfang nur eine Hand im Einsatz. Eine Ersatz-Beinpresse (ohne Übungsgerät) ermöglicht eine gute Übung: so zehn Mal am Anfang, langsam aufstehen und wieder hinsetzen.

Mit zunehmenden Geräten glich unser Wohnzimmer bald einem Fitnessstudio, wie schon erwähnt. Des Weiteren ist ein großer „Pezi-Ball" von Vorteil. Man kann nicht nur das Gleichgewicht trainieren, das oft fehlt, und für weitere diverse Übungen, auch für den Rücken ist es von großem Vorteil, alles **„abgekupfert" bei den Therapeuten.**

Aktivitäten im eigenen Interesse.

Sobald meine Hand und ihre Finger wieder irgendeine Bewegung erkennen ließen, war mein Interesse groß, dies wieder zu erlernen. Ich war sofort aktiv, weil ich ja wusste, ich musste, wie schon oft erwähnt, üben, üben, üben und…

…ich schaute mir bei meiner Frau ab, wie es geht, den Löffel zu halten, ihn vom Tisch aufzuheben und vieles mehr. Die Gabel war nicht schwierig, da die linke, die gute Hand zur Verfügung stand, aber das Messer! Stück für Stück arbeitete ich an dem Problem, wieder mit beiden Händen essen zu lernen.

Ich schaute, wie sie das Messer hält und lernte, wie ich Druck auf das Messer bringen kann, um zu schneiden, indem ich den Zeigefinger auf den Messerrücken bringe – ja, wenn das so einfach wäre. Als erstes versuchte ich es mit der guten, linken Hand, dann mit der betroffenen Hand, aber der Zeigefinger wollte noch lange nicht auf den Messerrücken, dieser war zu hoch, oder mein Finger noch zu ungelenkig.

Es ist ein unbeschreiblich gutes Gefühl, ein Messer mit der betroffenen Hand vom Tisch aufzunehmen, in die Hand zu nehmen und damit zu schneiden.

Schauen, Lernen, Üben!

Jede „Handlung“ wird interessiert betrachtet und versucht, dieses zu erlernen. Eine interessante Erfahrung, wie das Lernen von Funkionen vor sich geht und wie man es dem Gehirn beibringen kann, die nicht benutzten Bereiche zu aktivieren. Zum **Glück** gibt es eine Menge Gehirnzellen, die nicht benutzt werden. Ich hoffte, dass sich die passenden Wege und Synapsen finden mögen.

Die logopädische Therapie

Diese Therapieform ist enorm wichtig, sie fördert und trainiert das Sprechen und die Gesichtsmuskulatur, das heißt, die Therapeutin sieht mögliche Lähmungen vom Gesicht und der Sprache sieht die Therapeutin und versucht, diese zu korrigieren. Sehr wichtig dabei sind die Zunge und der Zungengrund, denn ohne Zunge ist das Sprechen nicht möglich. Diese Therapie war und ist für mich sehr wichtig, und ich habe eine Praxis in der Nähe gefunden, und sie war fußläufig zu erreichen, welch ein **Glück.**

Ich habe die Logopädie am Anfang unterschätzt, fast noch belächelt, aber nur am Anfang. Es empfing mich eine junge, sehr nette Frau. Ich war aber anfänglich sehr skeptisch wegen Ihres Alters, denn sie war jünger als meine Tochter. Es stellte sich aber bald heraus, dass sie sehr kompetent war, einen beachtenswerten medizinischen „Background" hatte. Da wusste ich noch nicht, dass es mehr als notwendig war, bei ihr die Zeit zu verbringen.

Die Übungen, die ich bei ihr lernte und die ich bei jeder Stunde auf Papier mitbekommen habe, mache ich heute noch fast regelmäßig. Ich habe gelernt, dass es am besten ist, laut zu lesen, das kann ich während des Radelns am Hometrainer im Keller, dort störe ich Niemanden, wenn ich meine Grimmassen schneide und laut die Übungssätze vortrage.

Ich habe mir folgende Texte und Gedankenstütze zusammengefasst und zu Papier gebracht, damit ich sie nie mehr vergesse und immer wieder trainiere.

Wie folgt….

Der Krabbenfischer knappert Knabberkrabben…

… Knabberkrabben knappert der Krabbenfischer.

Tante Toni trocknet der traurigen Trude die Tränen…

…die Tränen der traurigen Trude trocknet Tante Toni

Bierbrauer brauen braunes Bier…

… braunes Bier brauen Bierbrauer

Dazwischen

Grimmassen scheiden und Jodeln und…

Ka ta ba, Ku tu bu, Kit i bi, Ko to bo, Ku tu bu

Und weiter…

Der Potsdamer Postkutscher putzt den Potsdamer Postkutscherkasten…

…den Potsdamer Postkutscherkasten putzt der Potsdamer Postkutscher.

…und so weiter. Das war sehr erfolgreich und ist heute noch wichtig für mich!

Die psychologische Betreuung

Erst sehr viel später, als ich nicht so ganz ohne Hilfe aus meinem Tal und der andauernden seelischen Tiefen herauskam, fragte ich meinen Neurologen, der mich betreute, wer mir helfen könnte. Er hatte offensichtlich keine Zeit zum Reden, denn er hatte ja auch andere Patienten. So gab er mir einen Zettel mit Adressen von Psychologen und gab mir auf die fast unlösbare Aufgabe, einen passenden zu finden.

Ich habe **Glück** gehabt, diese Worte höre ich immer wieder von meiner Psychologin, die ich nach einiger Zeit der erfolglosen Suche gefunden hatte.

Ein langer Weg, nachdem ich die Liste meines Neurologen, mit 15 Namen und entsprechenden Telefonnummern von Psychologen, erfolglos durch war und keiner meinen Anruf entgegen nahm, oder kein Anschluss unter dieser Nummer oder keine freien Kapazitäten und so weiter. Danach war meine persönliche Kapazität auch am Ende. Dann ein „Zufall“. Ja ich hatte wirklich **Glück** gehabt, da es, wie schon erwähnt, sehr schwer ist, einen Psychologen oder eine Psychologin zu finden, der Zeit hat, das heißt, einen freien Termin im Kalender. Es sollte auch noch eine für mich passende Person sein. Ein „Mega“-Glück wäre auch noch, wenn man mit dieser gefundenen Person, dieser besagten „Nadel im Heuhaufen“, auch noch einen guten „Draht“ hätte und ein Vertrauensverhältnis aufbauen könnte, um sich zu öffnen. Die mit Herz den Patienten erreicht.

Also rief ich die mir „zugefallene“ Nummer an und - man höre und staune - am anderen Ende meldete sich eine nicht unangenehme Frauenstimme, die mich auch noch geduldig mein Anliegen zu Ende sagen ließ. Sie meinte, „rufen sie mich in vier Wochen nochmals an“, oh je, wieder nichts, war mein resignierender Gedanke. Ich gab auf. Nach vier Wochen fiel mir doch das Telefonat ein und da ich doch schon lange gewohnt, war geduldig zu sein, rief ich nochmal an. Wieder war die freundliche Frau am Telefon, ich sagte wieder mein Sprüchlein auf und war auf alles gefasst, nur auf die zwei Worte nicht, **„pack‘ mas“,** das klang so freundlich und so bairisch vertraut, ich wusste sofort, die ist die Richtige und so war es.

Glück gehabt! Ich fand die „Nadel im Heuhaufen“ der Psychologie, eine Psychologin, die zu mir passte.

Es waren sehr gute und hilfreiche Gespräche in einer sehr vertrauten, angenehmen Umgebung!

Freude, Zufriedenheit und Glück

Freude im Leben ist ein schönes und wunderbares Gefühl. Die Freude zu erleben ist nicht selbstverständlich. Wenn wir die Freude erleben dürfen, registrieren wir sie meistens nur bei großer Freude, bei bedeutenden freudigen Ereignissen. Es ist aber wichtig, sich über die kleinen Dinge im Leben freuen zu können, ja dies zu lernen. Da man den kleinen „Freu Dich" - Dinge täglich begegnet, aber sie oft nicht registriert, könnte man sich täglich mehrmals freuen. Es wäre wichtig sich zu freuen, denn die Freude ist, nach meiner Überzeugung, die Voraussetzung für Zufriedenheit und diese ist wiederum der Weg zum Glück.

Die kleine Freude, zum Beispiel über die Blume im Garten, kann schon ein inneres Lächeln hervorrufen, wenn man es erkennt. Ich habe gelernt, mich zu freuen über jeden Tag ohne Schmerzen, oder ein Woche? Ich versuche mich selbst zu schulen, dass ich, wenn ich zufrieden bin, mich an die Zufriedenheit immer öfter erinnere. An die Unzufriedenheit denkt man leichter, wenn die Zufriedenheit fehlt. Wenn die Freude fehlt, wenn es einem schlecht geht und man krank wird ist, ist die Unzufriedenheit schnell da.

Da fällt mir ein Lied von Reinhard Mey ein der auch zufrieden war, ja bis sie kam…

Ein Auszug aus dem Liedtext…

“Annabel, ach Annabel, Du bist so herrlich intellektuell, ich bitte Dich, komm sei so gut, mach meine heile Welt kaputt. Früher spürte ich oft Zufriedenheit, heute habe ich dafür gar keine Zeit, ich muss zu einem Protestabend geh‘n, um unzufrieden mein zu Hause zu seh’n“.

Das hört sich nach der Suche des Un-Glücks an.

Was ist Glück? Das ist Ansichtssache und die Einstellung des Einzelnen. Glücklich sind Menschen, die zufrieden sind. Wo beginnt die Zufriedenheit? Sie beginnt bei jedem Menschen auf einer anderen Ebene, bei dem einen kommt sie nie, er ist erfolgsverwöhnt und will immer mehr, Auto, Haus, Geld, eine tolle Frau, Urlaub, und wenn das nicht genug ist, eine Jacht und, und, und...

Bei dem Wort „Jacht“ erinnere ich mich an ein Erlebnis mit einem wohlhabenden Mann.

Ich traf ihn, als ich in einem Kloster in aller Abgeschiedenheit meine Amateurfunk-Lizenz erlangen wollte. Ich war 20 Jahre alt, und wir waren in einem Mehr-Bett-Zimmer untergebracht, als uns ein brummiger Sound eines Sportwagens aus dem Zimmer lockte. Es entstieg ein älterer Herr aus einem tollen Gefährt, einem Lamborghini, „wow“! Wir staunten nicht schlecht, als dieser gut gekleidete ältere Herr in unser Zimmer kam und sich vorstellte, ich bin der Phillip, und machte Anstalten, sich in unserem bescheidenen Zuhause einzurichten. Nach und nach stellte sich bei den Erzählungen heraus, dass er ein reicher Mann sein mochte, aber auch wie wir ohne Amateurfunk-Lizenz war. Nun erzählte er beiläufig von seiner Jacht im Mittelmeer, daraufhin sagte ich: "Mensch Phillip, Du bist aber reich", darauf erwiderter er: „Was heißt schon reich, wenn ich mit meinem Boot in den Hafen einlaufe und anlege, muss ich achtgeben, dass das Schiff, das im Hafen neben mir liegt, mich nicht aus Versehen als Beiboot mitnimmt, aber ich bin zufrieden mit dem was ich habe." Diesen Satz merkte ich mir gut, obwohl ich noch sehr jung war. Es war ein guter Lehrsatz für mich und mein weiteres Leben. Dafür bin ich ihm heute noch dankbar.

Die Sichtweise über die Zufriedenheit ändert sich in dem Moment, wenn man meint, sein Glück nicht mehr steuern zu können. Man hat auf einmal keinen Einfluss mehr, es scheint jemand Anderer hat das Steuer in der Hand, zum Beispiel, wenn man krank wird, ernsthaft krank und die Genesung nicht recht voran kommt. Wenn man einen Schlaganfall erleidet, die Genesung nicht sichergestellt ist, die Ärzte mutmaßen, rätseln, raten, hoffen. Das kann der Anfang sein, man muss umdenken. Das kann der Anfang vom „Glück" sein? Das ist doch kein Glück, krank zu werden? Wie soll das gehen? Wie kann man sich das vorstellen?

Ein Weg der Besinnung, inne zu halten und vielleicht das erste Mal über sich ernsthaft nachzudenken.

Die Krankheit als Weg sein, ein Wegweiser…?

…Mein Buch könnte helfen der Wegweiser zu sein.

Vom Loslassen und Meditieren.

Meditieren und Loslassen sind Eins. Meditieren heißt loslassen, die Gedanken zur Ruhe kommen zu lassen, lernen, nicht zu denken. Meditieren kann man lernen, ich habe es lernen dürfen in der Abgeschiedenheit eines Klosters. Meditieren im Alltag ist am besten, wenn man sich zurück ziehen kann und Zeit hat. Aber auch ein kurzes Loslassen oder auch die Achtsamkeit tut jederzeit gut. Eine kurze Achtsamkeit ist jederzeit möglich und ist in jedem Lebensbereich sinnvoll. Das Einüben macht es möglich.

Ich habe es erlebt dürfen, wie so eine Achtsamkeit und ein Loslassen sein können. Ich erzähle eine Geschichte, die ich erlebt habe.

Vor einiger Zeit, eines Morgens auf dem Weg zur Arbeit, als ich noch nichts von einem Schlaganfall wusste, hatte ich ein einprägsames Erlebnis. Ich stand mit meinem Auto an einer Ampel und wartete ungeduldig und in Gedanken voller Sorge an die bevorstehende Kundenpräsentation, ob diese gut und positiv verlaufen würde, und ich hoffte auf das baldige Grün der Ampel, - als ein Rollstuhlfahrer die Straße überquerte. Meine Gedanken waren augenblicklich bei dem jungen Mann, der seine Beine nicht mehr bewegen konnte, was er wohl für Sorgen habe, wie er wohl den Tag verbringen und ob er Geldsorgen haben würde. Dann dachte ich an meine Sorgen, wie unglaublich winzig diese waren, ob die Präsentation gut laufen würde? Ob die Ampel bald grün werden würde? Einfach winzig und nichtig im Vergleich mit dem Rollstuhlfahrer. Mein schlimmster eintretender Fall wäre ja **NUR**, dass mit der Präsentation etwas nicht so gut laufen würde, aber ich kann anschließend auf beiden Beinen wieder den Raum verlassen. Ein unbeschreibliches, großes **Glück**. Es wurde grün und ich fuhr sehr erleichtert, ja frohen Mutes weiter und dachte nur an das große **Glück**, das ich habe, **ich kann laufen.**

Loslassen und sich ab und zu besinnen auf das Wesentliche wäre schon gut. Es ist hilfreich, in einem Raum das Loslassen oder das Meditieren zu üben oder zu tun. Loslassen, Meditieren, heißt das Gehirn, den Geist auf „Null“ zubringen, nicht mehr zu denken. Das ist die beste Erholung für den Geist. Wir haben so viele Dinge im Kopf, es „geistern“ so viele Gedanken, dass es auch schnell mal zu viel werden kann.

Vergleichbar mit dem Gehirn ist hier die Elektrotechnik. Ein Fehler passiert, und es weiß keiner eine logische Erklärung. Es kann keiner nachvollziehen, was die Technik jetzt im Moment macht, man sagt oder denkt, die Elektronik „spinnt“. Da hat man dann die Möglichkeit, den “Reset-Knopf“ zu drücken, das heißt alles geht auf Anfang. Das ist oft die einzige Lösung und ist sehr hilfreich und wirkungsvoll, weil sich etwas im Elektronik-Gehirn verhaspelt hat.

So einen Knopf haben wir leider nicht, aber wir können mit Meditieren und Loslassen einen „Reset“ im Kopf durchführen. Damit können wir, wenn wir es mit Übung schaffen, das Gehirn für kurze Zeit ohne Gedanken ausschalten, also auf „Null“ bringen, auf absolute Ruhe. Das ist sehr hilfreich in Stress-Situationen und in der Krankheit, wie schon beschrieben, aber auch vorbeugend von Vorteil.

Loslassen und auch wieder etwas erreichen wollen, aktiv im Leben sein, das ist kein Gegensatz. Alles zu seiner Zeit. Aktiv im Leben sein, den Geist fordern, aber sich die Zeit nehmen auch wieder den geistigen „Reset“-Knopf zu drücken, damit dieser wieder zur Ruhe kommt und wieder leistungsfähiger wird.

Das Loslassen braucht man auch, wenn man vor einer Situation steht und man sich sicher ist, dass man es nicht ändern kann. Das „Hinnehmen“ einer unveränderbaren Situation ist schwierig, aber mit Übung erreichbar, und es erleichtert das Leben sehr. Das heißt aber nicht, dass man alles hinnehmen muss. Dinge, die auch nur eine geringste Chance beinhalten, etwas zu ändern oder zu verbessern sollte man anpacken und versuchen, diese Situation zu verändern. **Das beste Beispiel ist mein Schlaganfall.** Ich habe die Krankheit, wie schon im Buch beschrieben, hingenommen, da es nicht zu ändern ist, diese Gehirnregionen zu reparieren, aber ich habe nicht aufgegeben, daran zu arbeiten, dem Gehirn zu sagen, dass es neue Wege gibt, neue, noch nicht benutzte Zellen im Gehirn zu aktivieren. Diese freien Zellen sind die bereit etwas neu zu erlernen.

Ein berühmter Astrophysiker hat einmal gesagt: **„Sei immer neugierig auf Neues“,** und es war kein geringerer als **Stephen Hawking.** Er sagte auch:

Sei immer demütig vor der unglaubliche Kraft und der Unendlichkeit des Universums“.

Demut und Loslassen passt wieder in mein Bild.

Der Schlaganfall und die verschiedenen Auswirkungen

Meine Sichtweise

Es gibt zahlreiche, verschiedene Arten von Schlaganfall und deren Auswirkungen auf den Menschen, je nachdem, wo gerade die Blockade im Gehirn ist, welche Bereiche des Gehirns betroffen sind?
Nach meinen Erkenntnissen kann man diese Krankheit nach der Schwere in drei große Gruppen unterteilen:

- **Zur ersten Gruppe** Gehört der leichte Gehirn-Schlag, bei dem man **Glück** gehabt hat. Nach einigen Wochen bessern sich die meisten Symptome rapide, die Blockade löst sich von alleine auf oder wird mit einer Lyse, einer extreme Blutverdünnung, ausgeschwemmt. Sie erreichen eine Wiederherstellung von 95%. Eine 100%ige Wiederherstellung der Gehirnleistung halte ich für nicht möglich.

- **Die zweite Gruppe**, in der ich mich anscheinend befinde, bezeichne ich als den mittleren Hirn-Schlag – mit einer meist halbseitigen Lähmung. Das Gedächtnis und die Denkfähigkeit sind zum Teil noch vorhanden, so dass die Lernfähigkeit und die nötige Motivation wieder kommen und ein Lichtblick zur Besserung irgendwann wieder aufkommt. Ich hatte die Möglichkeit, mit Hilfe anderer Menschen und insbesondere aber auch Therapeuten und Therapien, eine Eigenmotivation zu entfachen, um zu üben, unermüdlich zu üben. Es soll und muss aber so selbstverständlich werden wie das Zähneputzen.

- **Zur dritten Gruppe**, gehört der schwere Hirn-Schlag. Die Blockade ist sehr groß, die Lyse war nicht erfolgreich, das Gehirn ist nicht mehr fähig zu denken und nicht mehr fähig zu lernen. Das wäre die Voraussetzung, dem Gehirn Befehle zu geben, andere Bereiche zu nutzen, zu aktiveren. Es ist mit Sicherheit die schwerwiegendste Art von Gehirnschlägen für den Betroffenen sowie für deren Angehörige, weil das Gehirn nicht mehr fähig ist zu denken. Es ist, sehr schwer hier Eigeninitiative aufzubringen kann.

Fazit

Ich schreibe das Alles auf, um Anderen zu helfen und auch, um mein eigenes Schicksal verarbeiten zu können. Ein Schlaganfall ist eine Lähmung eines Körperteils, Gesicht, Bein, Hand, und meist auch die Sprache. Das Gehirn ist betroffen, das alles steuert. Wenn zum Beispiel die Hand betroffen ist, sieht man das Werkzeug aller Werkzeuge in einem ganz anderen Licht, und was die Hand und die Finger alles können oder was momentan nicht möglich ist, wie schon beschrieben.

Die drei Hauptgruppen an Schlaganfall, die es nach meinen Erkenntnissen gibt, habe ich beschrieben, entscheidend für ihre Bewältigung ist die Motivation danach, die ich an den Tag legen kann, die in einem steckt, oder die ich irgendwoher bekomme.

- **Was ist nach dem „Schlag“ noch übrig?**
- **Wie entwickelt sich die Motivation zu ihrer Bewältigung?**
- **Wer hilft dabei?**
- **Welche Grundmotivation hatte man im Leben davor?**
- **Wie motiviert war man vorher, und welche Hilfe bekomme man von außen?**

Anhang 1 - Der Text - Jesus sorge Du

Warum lasst ihr euch beunruhigen? Überlasst mir die Sorge um eure Sachen, und alles wird sich beruhigen, in Wahrheit sage ich euch, dass jeder vollkommene Akt der Hingabe *(loslassen)*an mich *(an das Universum)*die Wirkung hervorbringt, die ihr wünscht und die die dornenvolle Situation löst.

Sich mir hingeben heißt nicht, sich ängstigen, sich beunruhigen und verzweifeln und dann ein erregtes Gebet an mich richten, damit ich euch bestehe. Sich mir hingeben heißt: Die Augen der Seele schließen und sich mir überlassen, damit ich allein euch ans andere Ufer trage.

Das was euch durcheinander bringt und sehr schadet, ist euer Grübeln und Nachsinnen, eure Sorgen und Abquälen im Glauben, um jeden Preis alles selber tun zu müssen. Wie vieles wirke ich, wenn die Seele sich in ihren geistigen Bedürfnissen an mich wendet, mich anschaut und dabei sagt: „Sorge Du", die Augen schließt und ruht.

Wenn ihr im Gebet euch mir anvertraut. Wenn ihr wirklich sagt: „Dein Wille geschehe" oder „Sorge Du", greife ich in meiner Allmacht ein und löse die aussichtloseste Situation.

Und wenn du siehst, dass das Übel sich verschlimmert, statt sich zu bessern? Beunruhige dich nicht! Schließe die Augen und sprich mit Vertrauen: „Dein Wille geschehe! Sorge Du!" – „Jesus, sorge Du!" und ich werde dir helfen!

Anhang 2

Meine Historie – in der Kurzform

Die Kurzform

- Bluthochdruck seit ca. **2000**
- Drehschwindel– **Schlaganfall Vorbote? Juni 2013**

- **Schlaganfall Juli 2015**
  - **Nach Krankenhaus Dachau**
    - Rollstuhl-abhängig,
    - Fuß 40%, Hand 10%
    - Sprache 70%
    - Denkvermögen 80%
  - **Nach Reha in Bad Gögging - Aug. 2015**
    - Kein Rollstuhl, gehen mit Stock
    - Wiederherstellung, Fuß 60%, Hand 10%
    - Spastik in Arm und Bein
    - Sprache 80% Denkvermögen 90%
    - Geräuschempfindlichkeit - sehr hoch
    - Psyche am Boden, sehr schlecht, Ängste
    - Keine Leistungsfähigkeit
    - Keine psychologische Betreuung in der Reha
    - Physio und Ergo-Therapie überwiegend von Studenten

- **Übelkeit, Schwindel**
  - **Erneuter Klinik Aufenthalt April 2016**

- **Heutiger Status**
  - **Unverträglichkeit von Sonne und Hitze, auch am Kopf**
  - Das Bein beim Gehen 80%,
  - Arm-und Finger-Beweglichkeit 85%,
  - Die restliche Spastik ist abhängig von der nervlichen Belastung, bei Ärger und auch bei Freude,
  - Die Psyche – befriedigend bis gut,
  - Die Ängste – befriedigend bis gut,
  - Geräuschempfindlichkeit - hat sich sehr verbessert,
  - Leistungsfähigkeit allgemein ist bei 80%

Anhang 3

Hilfreiche Unterlagen, immer griffbereit

Es ist sehr hilfreich, wenn man eine Liste der Arzneimittel, die man einnimmt, und eine Übersicht über seine Krankengeschichte, die OPs und die eigenen Besonderheiten bei sich hat. Eventuell in der Geldbörse, für den Fall, dass man z.B. von einem Facharzt nach den Medikamenten gefragt wird, oder für einen Notfall, damit sich der Notarzt sehr schnell ein Bild des Patienten machen kann. Hoffentlich ist das nicht notwendig.

Bei mir war es schon einige Male gut, diese Papiere greifbar zu haben.

Arzneimittel-Übersicht

	Arzneimittel für Helmut Breuer	
		25.02.2019
Nr.	**Arznei**	**Gabe**
1	Candesartan 16mg	0 - 0 - 1
2	Candesartan Comp 16mg/12,5mg	1 - 0 - 0
3	Bisoprolol 5mg	0 - 0 - 1
4	ASS 100mg - Godamed	1 - 0 - 0
5	Pantoprazol 20mg	0 - 0 - 1
	Nahrungsergänzung	
1	Gelenk-Hagebuttenpulfer	1 - 0 - 1
2	Omega 3	0 -1 - 0
3	Vitamin D	1 - 0 -0
4	Johanniskraut	1 - 0 - 0
5	Prostata Prostagut	1 - 0 - 1
6	Magnesium 400	0 - 0 - 1
7	Luvos Heilerde	1 - 0 - 0

Krankheiten - Historie von Helmut Breuer

• Blinddarm	OP	1985
• Leistenbruch links	OP	1988
• Knie links	OP	1996
• **Aneurysma linke IL.**	**OP**	**1998**
• Reflux-Magensäure Probleme	seit	2000
• Letzte Magenspiegelung		2010
• Letzte Darmspiegelung		2000
• Bluthochdruck	seit	2000
• Gallenblasen	OP	2005
• Nasenscheidewand	OP	2006

- **Schlaganfall - 21.7.2015**
    - **Krankenhaus Dachau**
    - **Reha Zentrum Bad Gögging**
    - **Behinderungsbescheid GDB 70**

• Leistenbruch links	OP	2018
• Spieghel-Hernie links	OP	2019

Schlusswort

Nun schließe ich mein Buch mit einem Dankeschön an alle, die mir bei dem „schweren Schlag“ beigestanden haben, die an mich dachten und mir Grüße geschickt haben. Es war mir eine seelische und motivierende Hilfe.

Der besondere Dank gilt meiner Familie, meiner Frau und meinen Töchtern, Tina und Marianne, die ich im Buch schon mehrfach erwähnt habe.

Ein großes, dickes Dankeschön gilt dem ganzen Therapeutenteam, die viel Zeit geopfert haben, um mich wieder so herzustellen wie ich jetzt bin. Ich habe es ausführlich beschrieben, und ich möchte es aber hier nochmals erwähnen.

Alle zusammen und jeder einzelne haben großes für mich getan und mein „lädiertes Paket“ wieder so zusammengeschnürt und „postfertig“ gemacht, dass es wieder auf den Beinen steht und auf kleine Reisen gehen kann.

Dankeschön!

Ein großes **Dankeschön** geht an meinen Freund und Lektor Erhard, der mein Buch nicht nur korrigiert hat, sondern es **lesbar** gemacht hat. **Danke!**